JN116265

ヒューマンエラー災害に挑む

現場を踏まえ人間をよく理解して

高木 元也

労働新聞社

はじめに

　この 60 年余り、わが国の労働災害は大きく減少してきましたが、ここ数年、下げ止まり傾向が見受けられます。

　現場の安全管理担当者からは、労働災害の原因に作業員のヒューマンエラーをあげ、「作業手順が守られない」、「安全の基本ルールが守られない」などと、嘆きの声がよく聞こえてきます。

　しかし嘆くのではなく、なぜそれらが守られないのか、作業員の声に耳を傾け、考えていかなければなりません。

　人間の行動は時に頼りなく、力を発揮することさえも不安定です。暑ければ下がり、寒ければ下がる。朝から十二分に力を発揮していても、それは一日中続くわけでもなく、疲れてくると途端に力は低下していきます。

　また、人間は、目の前のことに集中すると周りの危険がみえなくなったり、反射的に動くなど自らの行動が止められなかったり、歳をとれば若い頃のように身体が動かなかったり・・・それらが事故につながってしまっています。

　このように、常に安全な行動をすることが難しい人間が、現場でどのように悪戦苦闘しながら作業を進めているのかを丹念に把握し、それを踏まえた安全対策を見出していかなければなりません。

　人間工学の専門家がいいます。「現代人の身体や感覚機能は原始人とほとんど変わらない。しかし現代人は、産業革命から始まった工業化、機械化の波の中を生き抜いている。そこでは無理が生じるのも無理はない。これからは、設計や計画などを人間の特性に合わせることが必要だ」と。

　今後は、この言葉を重く受け止め、現場の安全対策に工夫を凝らしていかなければなりません。

本書は、労働新聞社定期刊行誌「安全スタッフ」の連載「事故防止　人の問題を考える」の原稿を基に、難敵であるヒューマンエラー災害に挑むため、最近の事故の傾向、現場の安全対策の実態などを踏まえつつ、様々な災害事例などに基づき、ヒューマンエラーの原因となる人間の行動特性が、どのように実際の災害に関わっているのか、現場ではどのような対策が必要なのかなどを解説していきます。

　本書を皆様の"現場の安全"に少しでもお役立ていただければ幸いです。

令和5年1月

高　木　元　也

目　次

1. 事故は突然起こる、繰り返し起こる

行動災害の防止がより重点課題に

　事故防止について、年々、人の問題が取り上げられることが多くなっていると感じています。

　私のところにはいろいろな方が安全の相談に来られますが、以前、ある県の消防局から「危険物の取り扱いをテーマに話をしてほしい」と依頼がありました。私が勤めている研究所には化学の専門家がいますので、「そちらが適任では？」と尋ねたところ、「いいえ、危険物を取り扱う人の問題について話をしてほしい」とお願いされました。

　また、多くの会社で毎年開催される安全大会のテーマに「ヒューマンエラー対策」「基本ルールをいかに守らせるか」をとりあげているところが数多く見受けられます。

　厚生労働省も、労働災害防止推進上の課題に人の問題を取り上げ、労働者個人の行動に起因する労働災害を行動災害と称し、現在、行動災害防止対策が重点的に推進されています。

「なぜこれをしなかったのか」と後悔するも遅く

　まず、お伝えしたいのは、やはり事故は突然起こるということです。

　事故防止に不可欠な用心深さを養うため、このことを深く胸に刻む必要があります。

　誰も事故が起きるとは思っていません。しかし事故は突然起こります。そして多くの場合、「なぜこれをしなかったのか」「なぜこれをしてしまったのか」と、後悔の言葉がきかれます。

　近年の事故は、繰り返し事故ばかりです。戦後80年近くが経ち、戦後復興、高度経済成長時代を経て、わが国は成熟した国になる中、

一方で、数多くの重篤な事故が発生するなど苦い経験もしてきました。今はそれらを教訓にして再発防止に努めなければなりませんが、近年の事故は「なぜこれをしなかったのか」「なぜこれをしてしまったのか」そういって後悔するものが余りに多いのが現状です。しかしいくら後悔しても、その事故が起きる前に時間を戻すことはできません。

　以前、廃油精製施設で大爆発が起こり、周辺住民にも甚大な被害をもたらしました。この事故は、大なり小なり同じメカニズムで全国の廃棄物処理施設で繰り返し起きているものです。メカニズムはこうです。廃油精製は汚い油をきれいにします。ここで厄介なのが不純物です。揮発性の高い不純物が入っていれば、加熱工程で揮発濃度が高まり、着火して爆発を招くリスクが高まります。廃油というのは汚い油。当然、何が入っているかわかりません。爆発を招きやすい不純物が入っていることも十分に考えられます。それにも関わらず、それに気づかず爆発を起こしてしまう。なぜ不純物が十分に管理できなかったのでしょうか。

禁止作業のはずが

　過去に発生した重油タンカーの爆発事故も「なぜこれをしてしまったのか」というものでした。重油タンカーは、タンクの中が重油で満タンのときよりも、空っぽのときの方が危ない。

　この事故も、港に着き重油をおろしたタンカーのタンクの中は空っぽ。そうすると、タンクのヘリにへばりついている重油が気化して、空っぽのタンクの中の酸素と混ざり合い、爆発しやすい状態に陥ってしまいます。当然、タンカー側もそのことを知っています。そのような状況では甲板上での作業は禁止と定めています。しかし甲板上で作業をしてしまい、作業が原因で着火し爆発事故を起こしてしまいました。なぜ甲板上で作業をしてしまったのでしょうか。

「なぜこれをしてしまったのか」が重大災害につながっている

　トンネル工事ではメタンガスの爆発事故がありました。冬季、数か月の休止期間中、トンネル内にメタンガスが溜まり、工事再開に向けての準備中、爆発事故が起きました。メタンガスは無色透明、無臭です。見えない、臭わないため、とても厄介です。トンネルに入る前、なぜ、その濃度を測定しなかったのでしょうか。

　このように近年の事故は、大事故であっても「なぜこれをしなかったのか」「なぜこれをしてしまったのか」と悔やむものばかりです。これらはまさに人の問題です。

約30年前に始まった建設業のヒューマンエラー研究

　私は大学卒業後、総合建設会社に勤務し、国内外の建設現場の施工管理業務等に従事し、20数年勤務した後、労働災害防止に関わる研究を行う労働安全衛生総合研究所に移りました。現在、これまでの現場での実務経験を基に、現場に役立つ労働災害防止対策の提案・構築を目指し調査研究を行っています。

　人の問題、ヒューマンエラーとの出会いは、約30年前、国土交通省所管の公益法人建設経済研究所に社外出向していたときです。そ

こでは建設業行政施策立案のための基礎資料づくりに携わっていました。

　当時、国土交通省は、建設業の総合的な安全確保について、「これからの建設業の安全対策は、規制を中心とした基本的な安全対策は堅持しつつも、関係者一人ひとりが決められたことを義務的に行うだけでなく、自ら進んで安全対策に取り組む『自立的な安全対策』を進めるような方向が求められる。それを推進するには、労働災害の発生に深く介在しているにも関わらず、今まで建設業ではあまり検討されてこなかったヒューマンエラーの研究が早急に必要である」と方向性を示しました。

　それを受け、調査研究機関等において建設業のヒューマンエラーの研究が始まりました。当時、ヒューマンエラーは、電力産業、航空産業、運輸業等、事故が発生すると、周辺住民や乗客などを巻き込み、直ちに大惨事につながる可能性がある産業では精力的に研究が行われていましたが、建設業では馴染みが薄いものでした。

　あれから約 30 年。今では、建設業をはじめ様々な産業において、ヒューマンエラーが盛んに取り上げられています。

2　事故0を目指す考えの"落とし穴"

360度見渡すのではなく、一方向に絞り込む

　事故0を目指す企業が数多く見受けられます。

　毎年、様々な事故が何件も発生している企業でも、経営トップは「いかなる事故も起こしてはならない。事故0は当然の目標だ！」と唱え、それを受け、安全担当責任者は、年間の安全衛生管理目標に事故0を掲げるところが少なくありません。一見、「もっともだ」と思われがちですが、この考え方には落とし穴があります。それを知らなければなりません。

　現場には様々なリスクが潜在しています。事故0を目指すには、すべてのリスクに対応しなければならず、現場のあらゆるところに目を向けなければなりません。全方位、360度見なければならないということは、逆に、どこも重視して見られないことにつながるおそれがあるのです。

　効果的な事故防止活動は、最終的には事故0を目指すものの、段階的に、優先的に対策を講じるべき課題を絞り込みます。360度見渡すものの、角度を30度や60度などに絞り込み、その優先課題の解消に精力的に取り組む。これが重点対策です。その課題が解消されれば、それが現場の成功体験となり、現場全体の士気は高まり、次の課題の速やかな解消につながります。優先課題を絞り込むと、作業員は「何をすべきか」が明確になり、自主的に行動を起こします。

　逆に悪い例、どこも重視して見られない例は次のとおりです。

　毎年、事故を何件も発生しているにも関わらず、次の1年、やみくもに事故0を目指そうとすると、重点対策は、現場のあらゆるリスクに対応するものになるため、「作業員教育の徹底」「現場パトロールの徹底」「有資格者の適正配置確認」のような具体性に欠けるあいまい

なものになってしまいます。

やみくもに「事故0」を目指すと、対策が具体性に欠けてしまうことも……

　事故0を目指す中堅ゼネコンの安全衛生管理計画をいくつも見てきましたが、重点対策はどこもこのようなものでした。以前、ある中堅ゼネコンに訪問し、平成25年度、平成26年度、平成27年度の安全衛生管理計画をみせてもらいましたが、重点対策はどの年度も前述の3つ。応対者に「少し後ろを向いていてください」と頼み、後ろ向きの間に、平成○○年の○○をマジックで消し、消したものをみせ、年度順に並び替えてもらったところ、正しく並び替えられませんでした。毎年度同じだからです。

　毎回、同じ重点対策では、マンネリ化、形骸化に陥り、最前線で働く作業員の安全意識の向上につながりようがありません。

　やみくもに事故0を目指す人、命令だからと従う人。彼らではちっとも事故を減らせない。

　盲目的に事故0を目指すと、思わぬ落とし穴にはまるおそれがあることを知らなければなりません。現場の事故防止は、優先的に対策を講じるべき課題を絞り込み、重点対策としてその課題解消に取り組む。このように戦略的・計画的に進めることが重要です。

事故防止には科学的根拠が必要

　事故0を目指す発注者もいました。ある公共工事発注者の事故防止

行動計画の作成に携わったときのことです。

　発注工事の過去 10 年間の事故、ヒヤリハットを分析し、発生件数の多いものを頻発事故として 10 数項目抽出。それは全体の 3 分の 2 を占めるものでした。その頻発事故を優先課題にしようとしたところ、その部門のトップから、「3 分の 2 を優先するということは、残り 3 分の 1 を捨てることになる。それではいけない。事故防止には優先順位はあってはならない」と待ったがかかりました。先の経営トップと同じ考えです。

　このときは、担当者が部門トップをなんとか説得し、頻発事故に対する事故防止行動計画を作成し、スタートすることができました。

　数か月経ち、事故が数件発生しましたが、それらは計画に示した頻発事故ばかり。関係者の間で、「なぜ行動計画に掲げた事故ばかり発生するのか」と話題になり、「そうであれば、行動計画を強く推進すれば事故は撲滅できる」と組織の気運が上がり、その行動計画の推進熱が一気に高まりました。

　皆さんどう思われます。不思議だとは思いませんか。

　データ分析という科学的根拠をもって頻発事故を掲げているので、それがよく起こるのは当然です。ですが関係者の多くは、いくら科学的な根拠を示しても、「実際は何が起こるかわからない」と疑念を抱き、紙の上のものを信じようとしません。しかし実際に、頻発事故が繰り返されることを目の当たりにすると、行動計画への信頼が一気に高まりました。これが現実です。とても勉強になる出来事でした。

　世の中には年間事故が全く発生していない会社はたくさんあります。そういう会社は、当然、次の 1 年も事故 0 を目指します。この場合でも、優先的に対策を講じるべきものを示す必要があります。それは全国を見て、同業種など他社で発生している頻発事故等を調べ、自社に関わりがあるものを吟味して抽出します。

　同業種の労働災害を調べるには、厚生労働省の Web サイト「職場のあんぜんサイト」（http://anzeninfo.mhlw.go.jp/）で公表されているわが国の労働災害データ（休業 4 日以上死傷災害）の活用を勧めます。

【コラム1】西伊豆感電事故、鬼怒川堤防決壊から学ぶ

　　産業現場の「人の問題」を考えるとき、一般社会で起こった災害からも多くのことが参考になります。

　　平成27年夏、西伊豆で起きた電気柵感電災害。鹿などから川岸の花壇を守るため、近所に住む男性がホームセンターで電線と変圧器まで購入し構築した電気柵を設置。男性が自らに課した基本ルール「昼は停電、夜は通電」が守られず、昼も通電のままにしてしまい、その花壇脇、川遊びにきた親子らが電線に触れ感電。悲鳴をきき駆けつけた家族らも川の中で次々と感電。さらに数日後、電気柵を設置した男性もいたたまれずに自殺。あまりに悲惨な事故が起きました。

　　このような基本ルールは守り続けられないことを忘れてはなりません。

　　平成27年、台風18号の猛威により鬼怒川の堤防が決壊しました。避難指示にも動かず逃げ遅れ、なんとか救出された3人に対し、TV局が「なぜ逃げなかったのか？」とマイクを向けました。各々「ここは大丈夫だと思った」、「今回は大丈夫だと思った」、「私は大丈夫だと思った」と、皆他人事。鬼怒川の氾濫は66年ぶり。だから他人事になったのでしょうか。しかし、それ以前には、広島の土石流災害、東日本大震災の津波被害など、全国各地で深刻な水害が多発しています。これら他の地の事例から学び、自らの問題に置き換えなければいけません。

　　これらは、産業現場の事故防止につながる「人の問題」です。

3.「たまたま」ととらえてはいけない

低い当事者意識に驚かされる

　中小規模の事業場の労働災害が多発しています。令和3年、全産業の休業4日以上死傷災害（以下、死傷災害という）を見ると、労働者50人未満の中小規模の事業場で60%近くを占めています。10人未満の事業場に絞ると、死傷災害年千人率（労働者1,000人あたり年間死傷者数：労働災害発生率を示す）は1.92、300人以上の事業場の1.19と比べ約1.6倍と、かなり高くなっています。

　中小規模の事業場の多くは中小企業の職場です。その多くは、人材面、資金面等に余裕がなく、大手・中堅企業と比べ、安全活動の推進力の向上が課題とされています。

　これまで、多くの中小企業は、死傷災害がほとんど発生していないため、ある日突然、死傷災害が発生しても、それを「たまたま」ととらえてしまい、当事者意識が高まらないことが課題として指摘されてきました。

　ただ「たまたま」ととらえてしまうのは、産業全体の問題といえます。令和3年経済センサス活動調査（速報集計）を見ると、わが国の会社企業数は約178万社。このほとんど、99%超が中小企業です。一方、令和3年の死傷災害は149,918人。単純に割ると、年間約11.9社に1社の割合でしか死傷災害が発生していない。1社で見ると約11.9年に1回しか発生しない。さらに死亡災害（令和3年867人）は、約2,050社に1社、1社で見ると約2,050年に1回しか発生していないことになります。

　こんなことがありました。

　ある協同組合の事例です。会員は42社。ある都道府県の公共工事を受注していました。この組合は、信じられないことに、わずか2か

月の間に6件の労働災害を立て続けに発生させてしまいました。2か月間で6件、3週間に2件のペースはあまりに多すぎます。発注者は、この組合に「何をやっとるんだ！」と叱責。

　その協同組合からの調査依頼を受け、労働災害を発生させた会社の安全担当責任者に話をききましたが、「ここ数年、労働災害は発生していなかったのに。運が悪かった…」「今回はたまたま起こっただけ」「作業員がもっと注意を払っていれば…」などと、当事者意識があまりに低く、驚きを隠せませんでした。

「今回はたまたま……」とは、あまりに当事者意識が低くありませんか？

　この6件の労働災害は、死亡災害はなく最も重篤なものでも休業1か月程度でしたが、「バックしてきたバックホウにひかれた」、「法面から転落した」など、全国的に建設現場で死亡災害が繰り返し発生しているものばかりでした。

「運が悪かった」でよいのか

　ここで、事故後の電話対応をイメージしてみます。

（イメージ）安全担当責任者 A の携帯が鳴る。現場の B からの電話…

> A「もしもし、どうした？」
> B「人身事故が発生しました！」
> A「えっ！　何が起こった！」
> B「バックホウがバックで作業員をひきました」
> A「それで、被災の程度は？」
> B「足の甲の骨折です」
> A「なんで俺が担当のときに……何年も事故はなかったのに……
> 　　あ〜運が悪い！」

　「運が悪い！」これでよいのでしょうか。

　バックホウがバックでひく死亡災害が繰り返し発生していることを十分に認識していれば、このケースでは、B「バックホウがバックで作業員をひきました」→ A「被災の程度は？」→ B「足の甲の骨折です」→ A「そうか。死亡災害でなくてよかった」と思わなくてはいけないのではないでしょうか。

　ほとんどの中小企業は労働災害がめったに発生しておらず、このため、突然事故が起こっても「たまたま」「運が悪かった」という気持ちに陥ります。しかし、これが積み上がると、未だあまりに多くの方が被災されていることにつながります。このような気持ちを撲滅させなければなりません。

　自社では労働災害は発生していない。自社の周りでも発生していない。だから「よし」とするのではなく、ならば全国を見る。全国で繰り返し発生している労働災害を見る。同業種など他社で繰り返し発生している労働災害を調べ、自社に関わりがあるものを洗い出し、自社でも起きないか慎重に検討する。当事者意識を高めるため、このよう

な取り組みがとても大切です。

A社は「事故0」。一方同業B社は「事故が止まらない」

　以前、通信工事A社の安全担当者と意見交換する機会がありました。かなりの工事量ながら、平成27年度の死傷災害は0でした。それは大変素晴らしいことです。ただ、素直には喜べませんでした。

　それは、ちょうどその数週間前、別の通信工事B社の安全担当者から「頑張っても事故は減らない。どうすればよいか」と相談があったからです。

　この2社は、安全管理活動等の違いにより労働災害発生件数に差がでている可能性はありますが、両社とも通信工事業です。A社はたとえ無災害であってもそれをよしとするのではなく、全国で繰り返し発生する労働災害を学び、それらが自社で発生しないためにどうすればよいか検討することが求められます。

　全国の通信工事の繰り返し災害を見ると、脚立、はしご、電柱、階段、高所作業車、トラック荷台等からの墜落災害、クレーン作業に起因した災害、転倒災害などがあります。これらは、いつ自社で起こってもおかしくないと用心を重ねる必要があります。

4. これまでの約60年間、
労働災害は大幅に減少

約60年間で死亡災害は9割近く減少

　わが国の労働災害の発生件数は、どのように推移してきたのでしょうか。これまでの約60年間を振り返ってみます。

　全産業の死亡者数の推移を見ると、昭和36年がピークで死亡者数6,712人にも及んでいましたが、令和3年には867人と、この間、実に87%も減少しました。バブル経済崩壊後の平成4年の死亡者数2,354人と比べても、約30年後の令和3年は63%も減少しました。

　このように過去約60年間にわたり、死亡災害は大幅に減少しましたが、これらは現場関係者の皆さんの努力の賜物に他なりません。

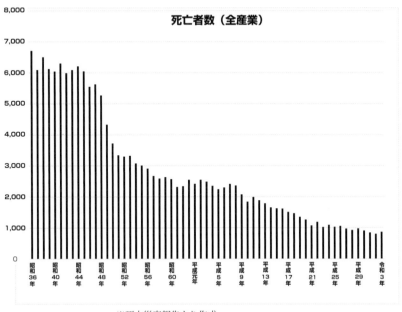

※死亡災害報告より作成
※平成23年においては東日本大震災を直接の原因とする死亡者を除く

昭和 47 年、労働安全衛生法の制定

　では、どうしてこれほど減少してきたのでしょうか。その要因はいろいろあると思われますが、第一に、昭和47年、労働安全衛生法の制定があげられます。これは安全の厳しいルールです。企業経営者側の責任の明確化、安全衛生に関わる規制の強化等が定められ、守らないと禁固、懲役、罰金などの刑罰が科せられます。

　実際、全産業の死亡者数は、法施行前年の昭和46年が5,552人であったのに対し、施行後の昭和51年には3,345人と、わずか5年間で40%も減少しました。これは、企業経営者側が、安全の厳しいルールの下、安全管理体制の構築、安全設備の充実、作業員への安全教育・指導等、安全管理活動を進めたことによると考えられます。

　その後、昭和50年から令和3年までの46年間、一時期下げ止まり感があったものの、全産業の死亡者数は77%も減少しました。

　私が働いていた建設業だけ取り上げても、この46年間で82%も減少しました。

建設現場で死亡災害が減った要因例

　建設現場で死亡災害が減少した要因と思われるものをいくつか例示します。

○技術基準の整備

　建設現場では、労働安全衛生法の施行に伴い、公共工事の発注者などが工事を安全に進めるための仕様書、施工指針などの技術基準を整え、それに応じ、受注者も安全な施工に努めるようになったことが死亡災害減少につながったことは間違いありません。

○行政と産業界の連携

　これまで、厚生労働省、建設業労働災害防止協会などは、建設業団

体と連携して労働災害防止活動を推進してきましたが、このことは、労働災害減少に大きく貢献しました。

　その一例を紹介します。

　電気、ガス、上下水道、通信などのライフラインを地中に埋設するため、深さ2〜3mの溝穴を掘削して、その中に管・ケーブルなどを敷設する工事が行われていますが、一昔前、溝穴の壁面が崩れる土砂崩壊災害が多発していました。

　土砂崩壊を防ぐためには、壁面を防護する"土止め支保工"（写真）の設置などを行わなければなりませんが、「深さ2mなら浅いし、管を入れたらすぐに埋め戻すから、土止め支保工なしでもいけるだろう」と安易な気持ちでそれを設置せず、土砂崩壊を招くケースが多発していました。土砂は1㎥でも約2tあります。それが崩れておそってきたら圧死に直結します。昔は、建設現場の三大災害の一つが土砂崩壊災害。それほど多発していました。

　このため、厚生労働省と建設業労働災害防止協会は、小規模な溝掘削工事は、土砂崩壊災害防止対策として、作業員は、土止め支保工の設置が完了するまでは、決して溝の中に入らない施工方法を定めました。それが「土止め先行工法」と呼ばれるものです。この工法を建設業団体などと連携し普及を促進させたことにより、小規模な溝掘削工事の土砂崩壊災害は大幅に減らすことができました。

土止め支保工を確実に設置（東京都水道局のDVDより）

公共工事などの発注者も土止め支保工の必要性を認識し、それまで土止め支保工の設置を受注者の判断に任せていた発注者が、工事の設計図書にそれを盛り込みその費用も計上し、必ず設置しなければならないようにする動きが出てきました。

　このような安全施工の手順やルールを定め、行政と建設業界が一体となってそれを普及促進することにより、業界全体に問題意識を共有化し、現場関係者の安全意識を向上させ、「このくらいの浅さなら大丈夫」という安易な気持ちをなくしたことが、労働災害減少につながったといえます。

○安全作業のための機械、設備、工具等の開発

　機械化、省人化などにより、現場で人が行う作業が減ったことは、確実に労働災害を減らしました。

　例えば、電柱上での作業。電柱の昇り降りがある限り、電柱からの墜落はなくなりません。しかし、高所作業車を使用し電柱の昇り降りをなくせば、

昇降がなければ電柱から墜落はない

電柱の昇り降りによる墜落はなくなります。

　ただ、高所作業車からの墜落災害、高所作業車上でのブーム操作時のはさまれ災害など、機械化に伴う新たなリスクが発生することを忘れてはいけません。

　安全に作業するための機械、設備、工具等の開発は、労働災害減少の一躍を担っています。

【事例　安全装置】クレーンのリミッター

　クレーンの転倒防止には、過負荷防止装置、いわゆるリミッター（モーメントリミッター）の設置が貢献しています。

一昔前、現場から「あと 1m、ブームを倒せないか」の要求を受け、クレーンオペレーターは「まだいけるだろう」とブームを傾けるものの、それによりクレーンの安定が損なわれ転倒。このようなオペレーターの無理な操作、判断ミスによるクレーン転倒が多発していました。

資料：東京都水道局「水道工事事故防止アクションプラン」

　それが、リミッターが取り付けられ、一定の負荷がかかると、クレーンの能力の限界に達する前に、クレーンは自動停止し操作ができなくなる。このような安全装置がクレーンの転倒防止に貢献しました。

　「人の問題」の特効薬はこのような設備面の対策です。

　ただ、現場では、「あと1m、倒せないか」のような要求はなくならず、リミッターを解除する違反行為が見受けられます。「人の問題」はすっきり片づかないことを物語っています。

過負荷防止装置を解除する「鍵」の穴

資料：東京都水道局「水道工事事故防止
アクションプラン」

【事例　安全補助装置】バックモニター

　ダンプトラック、バックホウなどの重機に搭載したバックモニターも労働災害減少に寄与しています。

　重機がバックする際、後ろの死角に人がいることに気づかず、ひいてしまう。「誘導なしではバックなし」と安全ルールを定めることは一定の効果はあるものの、それが守られず労働災害が繰り返し発生しています。重機を動かさなければならないときには、そこに誘導員がいてもいなくても、動かさなければならない。作業を優先させれば、現場はこう考えてしまいます。

重機に搭載されるバックモニター

　バックモニターを搭載することにより、重機オペレーターは、死角がなくなり直接目視で確認できるようになり、「後ろに人がいるとは思わなかった」という死角による「うっかり」事故の防止につながりました。ただ、現状、重機のバックモニター搭載は十分に普及しているとはいえず、労働災害の更なる減少に向けた今後の課題です。

〇作業手順書の作成

　作業の手順を定めた作業手順書の作成も労働災害減少につながったと考えられます。

　作業手順書があれば、作業前に作業の流れが理解でき、流れが理解できると、一つひとつの作業に潜む危険がみえやすくなり、作業する

仲間でそれを共有することもできます。

　今から約40年前の昭和58年、私が初めて赴任した現場には作業手順書はありませんでした。

　作業手順書作成の変遷を見ると、当初、元請会社が作成していましたが、今では、実際に作業を行う専門工事会社が作成し、それを元請会社が確認するように進展してきました。実際に作業する専門工事会社が作成することは、より詳細に危険を洗い出すことができ、実現性が高くリスク低減効果が高い対策を立てやすく、作業員の当事者意識をより高めることにもつながります。

【事例　作業手順遵守による感電防止】

　感電災害は、漏電遮断器などの感電防止器具の開発などにより、死亡災害が大きく減少しましたが、それに加え、建設現場では感電防止の作業手順を守るようになったことも労働災害減少に貢献しています。

　以前、電気工事業団体に、感電災害防止について話を伺ったことがあります。次のようなやりとりが交わされました（以下、電気工事業団体は電団とする）。

　私　「感電災害防止は、どうすればよいですか？」

　電団「感電災害ですか？　もう起きませんよ」

　私　「えっ！どうしてですか？」

　電団「それは、現場が作業手順を守ることができるようになったからです」

　私　「どのような作業手順ですか？」

　電団「第一に、作業は停電して行う。そして第二に、作業前、本当に停電かどうか検電して確かめる。この作業手順が守られるようになったからです」

感電災害は、「停電だと思ったのに…」と間違った思い込みにより通電部に触れるケースが少なくなく、「停電にする」「検電もする」ようなダブルチェックが現場に浸透したことが、「人の問題」の解決、災害防止につながりました。

○現場の自主的な安全活動の定着（例　安全施工サイクル）

　始業前の朝礼で、現場責任者などが、その日に働く全ての作業員の前で行う安全訓話は、彼らの安全意識を高め、その後に行うKY活動は、その日の作業の危険を洗い出し、実施すべき安全対策を皆で確認する。その後も終業時まで、安全施工サイクルを回し続ける（図）。

　このような現場の安全活動の定着は労働災害減少に貢献したと考えられます。

　ただ、KY活動のマンネリ化など、現場の安全活動の問題点を指摘し、その効果は限定的と疑問視する声もあります。しかし、未だ労働災害減少の兆しをみせない小売業や飲食店の店舗を見たとき、建設現場の安全活動定着の効果を確信しました。

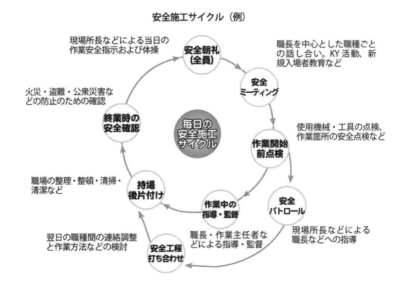

安全施工サイクル（例）

現場所長などによる当日の作業安全指示および体操
安全朝礼（全員）
職長を中心とした職種ごとの話し合い。KY活動、新規入場者教育など
安全ミーティング
火災・盗難・公衆災害などの防止のための確認
終業時の安全確認
毎日の安全施工サイクル
使用機械・工具の点検、作業箇所の安全点検など
作業開始前点検
職場の整理・整頓・清掃・清潔など
持場後片付け
作業中の指導・監督
安全パトロール
翌日の職種間の連絡調整と作業方法などの検討
安全工程打ち合わせ
職長・作業主任者などによる指導・監督
現場所長などによる職長などへの指導

何か所かそれらの店舗を見ましたが、そこには、お客様のための安全はあっても、働く人のための安全は見受けられず、それでは労働災害を減らしようがないと感じました。

　逆に、毎日、現場で安全活動を続けてきた建設現場は、その活動により、そこで働く人々は危険を見つける力を養い、安全意識を高め、正しい安全行動を覚える。それが今日の労働災害減少につながっていると考えられます。

　現場の安全は毎日の積み重ねが重要である。安全意識の向上など「人の問題」の解決策もそこにある。改めてそう思いました。

【コラム2】平成18年、福岡飲酒運転事故

　平成18年8月、福岡県で飲酒運転による追突事故により、3人の子どもの命が失われました。

　家族5人の乗った車が、海の中道大橋で、飲酒運転の車に追突され博多湾に転落し、車は水没。母親は何度も海に潜りわが子を救おうとしましたが…あまりに悲惨な事故でした。あの日から10年経った平成28年8月の新聞には、弁護士を通じて家族のメッセージが公表され、「あの日の出来事は決して忘れられません。もう思い出したくない気持ちもあるが、亡くなった3人の子どもたちのことを考えると決して忘れてはならない」と揺れる感情がつづられていました。

　事故は突然起こり、ときに、取り返しのつかない事態になります。何年経とうが、被害を受けた者の心は決して癒されない。このことを忘れてはなりません。

5. ヒューマンエラーとは

　みなさんは"ヒューマンエラー"という言葉をきき、どのようなイメージをお持ちですか。

　ヒューマンエラーとは、文字通り人間が間違いを犯すことです。

　人間と機械を比べると、科学技術の進歩により、機械の信頼性は飛躍的に向上しました。多くの回転寿司では、今では厨房で機械がしゃりを握っています。美味しさはさておき、同じ形状のしゃりを握る数を競えば、人間は、まず機械に勝つことはできません。

　人間の信頼性は、未だ不確実な面が多く、向上させることが難しいといわれています。しかし、人間には機械には真似できない臨機応変さがあります。突然、現場で起こる様々な問題に対し、人間は臨機応変に解決していく。それは現場になくてはならないものです。

　ただ、その臨機応変さが、ときに自分勝手に変わり、ヒューマンエラーを招いてしまいます。このことは、現場の安全を確保する上でとても厄介な問題です。

不安全な「行動」と「状態」、ともにヒューマンエラーが関わる

　災害の原因は、大きく「不安全な行動」と「不安全な状態」の2つに分かれます。「不安全な行動」は文字通りヒューマンエラーです。一方、「不安全な状態」についても、「なぜ、開口部に養生をしなかったのか」「なぜ、立入禁止柵を設けなかったか」など、安全設備を設置しなかったのは「人の問題」、ヒューマンエラーであると考えると、ほとんどの災害はヒューマンエラーが関わってきます。災害データ分析の結果、実に災害の96％はヒューマンエラーが関わっているという研究報告もあります。

現状、とても多くの現場が、ヒューマンエラーによる労働災害に頭を悩ませています。「ヒューマンエラーだから仕方がない」というあきらめのムードが漂っているところも数多く見受けられます。

　しかし、あきらめてはいけません。

　ヒューマンエラーは、その原因となる人間の特性を正しく理解すれば、効果的な対策を打つことができます。

人間の特性は変えられない。進化は億年単位

　人間工学の専門家は、ヒューマンエラーは当然起きる。なぜなら、文明社会の目覚ましい進歩に、人間の進化が追いついていないからだと声を大にしていいます。

　これまで、生物は取り巻く環境に適応するため、膨大な長い歳月をかけ、進化を繰り返してきました。それは、地球誕生からの歴史が物語っています。

　地球の誕生は今から約46億年前。その後、海の中に生命が誕生するまでに約8億年かかり、その後、約30億年かけ、植物、節足動物、両生類などが、海から陸に上がりました。そして、今から約2億3000万年前に、哺乳類が誕生しました。

　このように生物の進化は億年単位です。

　人類が誕生するのは今からわずか約700万年前です。最初の人類は、アフリカのサヘラントロプス・チャデンシス、原始人です。

　この約700万年前から今日に至るまで、現代人の身体や感覚器官は、原始人とほとんど変わっていないといわれています。なぜなら700万年では生物の進化には短すぎるからです。

　一方、人類を取り巻く環境の大きな変化の一つに、18世紀後半から始まったイギリスの産業革命があげられます。生産活動の中心が農業から工業に変わり、工業化、機械化が目覚ましく進み、現代人は、原始人と同じような身体にも関わらず、その激動の波の中を生き抜かなければなりませんでした。

しかし、今日までのわずか約2百数十年の間では、環境に適応するような進化などできるわけもなく、そこでは、無理が生じるのも無理がなく、うまくいかないことがあるのは当然のことです。

わずか200年で産業は大きく変化
人類にとって無理が生じる場面も

そうであれば、「人間が作業計画、作業手順、作業環境に合わせて働く」のではなく、「作業計画、作業手順、作業環境を人間の特性に合わせる」ことが求められます。

現在、生産現場では、決められた作業手順が守られないことを安全管理上の大きな問題に掲げるところが少なくありません。ただ、その作業手順は、人間がやるには、うまくいかないものかもしれないのです。おそらく今の人間の能力ではうまくいかないことが多々あることでしょう。

これからは、そのような目で作業手順を見て、作業員が無理なく作業できるように改善することが求められます。

人間は人間のことをわかっていない

多くの人は、「人間のことはよくわかっている」といいます。しかし実際は、よくわかっていません。人間には感情があります。暑さ、寒さ、急な忙しさ、突然のトラブルや残業など、環境の変化には弱いものです。いろいろなものの影響で、発揮するパフォーマンスが異なってきます。個人差もあります。

このことを十分に理解しなければなりません。

注意には「量の上限」がある

　人間の注意力も十分に理解されていません。作業員がしっかり注意すれば、お決まりの"注意の徹底"をすれば、災害を防げると思っている人が実に多いのが現状です。しかし、決してそうではありません。

　注意には「量の上限」があります。誰かの話に注意を向ければ、他の人の話には注意は向かなくなります。作業に集中すると、周りにまで十分に注意が払えなくなります。集中とはそういうもの、そうですよね。注意は、「深く狭く」「広く浅く」は可能ですが、量に限りがあるため、「深く広く」はできません。

　注意は、無意識に向くことも少なくありません。作業中、後ろでヒソヒソ話が始まると、注意は一気にそちらに向かいます。皆さんも身に覚えがありませんか。

　注意が無意識に他に向いてしまうと、そこに開口部があることを忘れたり、トラックの接近に気づかなかったりして被災してしまいます。

　注意には「量の上限」があることを肝に銘じなければなりません。

話し声に注意が向いて別の危険に気づかない

人間はエラーする生き物である

　人間は、高い集中力を保つことができれば、その作業で犯すエラーは極めて少なくできます。しかし、その状態は長くは続きません。慣れ、あわて（ときにパニックに）、焦り、イライラ、漫然、疲労など、作業員個人の様々な内的要因によりエラーが起こります。

　生産現場では、エラーをなくすため、教育訓練、モチベーション向上策、表彰、罰則などが行われていますが、それらは一定の効果はあっても、エラーを撲滅するまでには至りません。

多重防護の視点が重要

　このため、ヒューマンエラー災害防止対策には、①ヒューマンエラー災害の撲滅に向けた本質的な安全対策、②重篤な災害につながるヒューマンエラーを重点管理項目に定めるなどの管理的対策、③作業員の安全意識を高め行動変容を促す教育など、さまざまな対策を講じる多重防護の視点が重要になります。

6. ヒューマンエラーの原因となる 人間の 12 の特性

　これまで 20 年以上にわたり、私はヒューマンエラーの原因となる人間の 12 の特性を紹介してきました。

```
ヒューマンエラーの原因となる人間の 12 の特性
その 1．無知・未経験・不慣れ　　その 7．場面行動
その 2．危険軽視　　　　　　　　その 8．パニック
その 3．不注意　　　　　　　　　その 9．錯覚、思い込み
その 4．コミュニケーション　　　その 10．高年齢者の心身機能
　　　　エラー　　　　　　　　　　　　　低下
その 5．集団欠陥　　　　　　　　その 11．疲労
その 6．近道・省略行動　　　　　その 12．単調
```

　12 の特性それぞれの概要は以下のとおりです。

その 1．無知・未経験・不慣れ

　未経験者であると、危険がどこに潜んでいるかわからず、ときに、信じられない災害が起こってしまいます。ただ、経験豊富なベテランでも、新しい作業を始めたばかりで作業環境に馴染んでいない場合などは、不慣れによる災害が起こることがあります。

その 2．危険軽視

　「これくらいの高さなら安全帯*をしなくても大丈夫」、「立入禁止エリアに立入っても平気さ」、「（脚立の）天板に乗ってもいいだろう」、

＊本書では、「墜落制止用器具」ではなく現場で馴染みのある「安全帯」の名称を用います。

「機械を停めずに作業をしてしまえ」・・・このように危険を軽視し不安全行動をとり、労働災害を引き起こすことはとても多いです。

その3. 不注意

　不注意による労働災害が多発しています。このため安全指示「足元注意」など、作業中はずっと足元に注意しなさいという指示がよく出されますが、それは効果がありません。作業中は作業に集中するため、安全にまで注意が払えなくなるからです。

その4. コミュニケーションエラー

　現場では、毎日、安全指示が出されますが、「指示が一方的である」、「指示があいまい、マンネリ」、「作業員が指示をきかない」等により、安全指示がうまく伝わらず労働災害が発生することがあります。

その5. 集団欠陥

　例えば、工期や納期が非常に厳しい場合、現場全体が、期日厳守を最優先させ、手順の省略など不安全行動やむなしのムードに陥ることがあります。これが集団欠陥です。日本人は集団の目標が定まると、良かれ悪しかれ、それに向かって邁進する特性があるといわれています。

工期に追われ不安全な行動やむなしのムードに……

その6. 近道・省略行動

人は「面倒だな」と感じることは、本能的にやりたくなく、ときに不安全行動をしてしまいます。「面倒だな」と感じると、その作業手順は省略され別の危険な作業が行われ、作業通路が遠回りだと、通路以外の危険な近道が使われてしまいます。

その7. 場面行動

人は瞬間的に注意が一点に集中すると、本能的に反射的に行動することがあります。小さな子が道の反対側にいる母親を見つけた瞬間、「あっ、おかあさんだ！」と道に飛び出し車に衝突。これが代表例です。しかもこれは、現場で働く大人にもあてはまるのです。

その8. パニック

非常に驚いたとき、あわてたときなど、脳は正常な働きをせず、エラーを犯しやすくなります。

その9. 錯覚、思い込み

錯覚には、指示の聞き間違い、合図の見間違いなど、五感による間違いと、ど忘れ、思い込みなど、五感から入る情報を脳でまとめるときの間違いがあります。

その10. 高年齢者の心身機能低下

高年齢者は、足腰の衰え、バランス感覚の低下など、心身機能低下により労働災害にあうことがあります。高年齢者が「まだまだ若い者には負けない」と気概を持つことは大事ですが、衰えを自覚せず無理をして労働災害にあうことが懸念されています。

その11. 疲労

　人は疲れると自らの意志に反しミスを犯しやすくなります。重労働、長時間労働等、過酷な現場では、作業員の疲労対策は重要な課題です。

その12. 単調

　人は単調な反復作業を続けていると、意識が低下しミスを起こしやすくなります。

　次頁からは、それぞれについて詳しく見ていきます。

7. その1. 無知・未経験・不慣れ

知らない、経験してない、慣れてないことによるエラー

　無知・未経験・不慣れによるヒューマンエラーが、真っ先に当てはまるのは新人です。このため、4月の新人教育はヒューマンエラー対策としてとても大切になります。

　現状、知らない（無知）、経験していない（未経験）、慣れていない（不慣れ）ことにより重篤な災害が多発しています。現場では、若者が作業に潜む危険を知らなかったり、現場環境に不慣れだったりして悲惨な死亡事故が繰り返し起こっています。

【災害事例　有機溶剤中毒】

　20代前半の若者が、1人で有機溶剤含有塗料を使って浴室の塗装作業をしていたところ、有機溶剤中毒で死亡しました。密閉空間の中での有機溶剤含有塗料の使用は、どれほど危険なことか。そのような作業環境では、十分な換気、換気が不十分な場合は呼吸用保護具の使用などが不可欠です。それを誰も教育しなかったのでしょうか。

【災害事例　高圧電線接触】

　同じく20代前半の若者が、屋根に上がり台風で破損した波板ふき替え作業中、高圧電線（交流6,600V）に触れて感電し死亡しました。その若者に対し、そこに高圧電線があり、高圧電線はとても危険なことをなぜ教育できなかったのでしょうか。

【一般社会の事故事例　神宮外苑展示物火災】

　労働災害ではありませんが、平成28年11月、東京、明治神宮外苑のイベント会場で、大学生が製作した木くずで装飾した木製ジャングルジムのようなオブジェが燃え、中にいた幼稚園児（5歳）が亡くなりました。報道によると、本来の照明はLED電球だけでしたが、

当日 16 時 40 分頃、学生がオブジェ内に投光器を持ち込み点灯させたところ、17 時 15 分頃、投光器で熱せられた木くずが燃えました。

　令和 3 年 7 月、東京地方裁判所は、安全管理を怠った元学生 2 人に対し、いずれも禁錮 10 月、執行猶予 3 年の有罪判決を下しました。検察側は「高温の電球に木くずが付き火災となるのは容易に予見できた。投光器を漫然と放置した重大な過失が認められる」と主張し、一方、弁護側は、2 人が投光器を使ったのは初めてで、火災は予見できなかったと無罪を主張しましたが、有罪判決となりました。とても重い判決です。

　なお、令和 4 年 9 月、2 審の東京高等裁判所はこの 1 審判決を取り消し、簡易裁判所で審理するよう命じています。

現場に不慣れなときに労働災害が多発

　知らない。慣れていない。これらは、現場での経験が浅い人だけでなく、現場経験が豊富な人でも、初めての作業や、現場に赴任したばかりで新しい環境に慣れていない場合にもあてはまります。その人にとって新しい現場は、どこにリスクがあるかよくわからず、危険が一杯なのです。

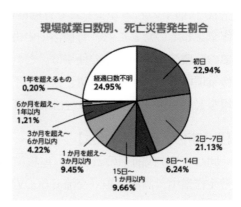

出所：一般社団法人全国建設業協会
「守っていますか？　現場の安全！」

　建設現場の死亡災害は、現場就業初日で実に 23％、7 日目までで 44％も占めるというデータもあります（図）。

　また、その現場で働き始めて間もない人がいることを、その現場の他の人達が知らないことがありますが、その場合、現場の人達で彼らを見守ることができず、知らないことなどによるヒューマンエラーが

40

起きやすくなります。

対策は教育訓練と適正な作業配置

　無知・未経験・不慣れ対策としては、いの一番に教育訓練があげられます。

　雇入れ時教育では、新人の実務経験内容、能力、性格等を把握し、それらに応じた教育訓練メニューをつくるとともに、適正な作業配置を行うことが必要です。

【コラム3】4月は新人教育

　4月は新人教育の季節です。その準備に忙しくなる方もいるかと思います。皆さんは、新人にはどのようなことを教えようとしていますか。

　"現場の安全"がなぜ大切かを教えることはいうまでもありません。全産業で働く人々の中で、年間867人（令和3年）も亡くなり、149,918人（同）が死傷災害にあっています。このように未だ数多くの方が被災していることを教え、労働災害撲滅のため、彼らの安全意識を高めていかなければなりません。

　また、"安全第一"が生まれた歴史的経緯を説明し（以下）、安全最優先は品質や生産の向上につながることを教えることも重要です。

「安全第一」はここから始まった

　1906年、アメリカのUSスチール社が最初に安全第一（Safety First）を唱えた。当時、EHゲーリー会長が多発する労働災害の防止のため、経営方針を「生産第一、品質第二、安全第三」から「安全第一、品質第二、生産第三」に抜本的に変革し、安全を最優先したところ、労働災害減少に加え品質も生産も向上し、他の模範となる素晴らしい会社になった。

危険感受性を向上させる

そこにどのような危険があるのかなどを直観的に感じ取ることを危険感受性といいますが、成熟社会では日常の危険が少なくなり、人々の危険感受性が低下している傾向にあるといわれています。

東京の中央労働基準監督署が実施した、建設現場の所長を対象としたアンケート調査において、労働災害が減らない人的要因には何が考えられるか質問したところ、「危険感受性が鈍ってきている」との回答が実に80％近くを占めました。

今日では、危険感受性を向上させるための特別な教育が必要です。特に、現場経験の乏しい若者には重要な教育といえます。

危険感受性を向上させるためには、危険体感教育（疑似体験）、映像教材を使った教育、作業チーム同士の話し合いなどが有効とされています。

中央労働災害防止協会では、危険体感教育実践セミナーを開催しており、そこには①高所危険体感、②電気危険体感、③回転体危険体感、④玉掛け作業危険体感の4つのコーナーがあり、そのうち①高所危険体感では、1) 安全帯ぶら下がり体感（一本づり）、2)5m 墜落衝撃体感、3) 飛来・落下危険体感、4) 安全帯衝撃体感（ロープ負荷）があります。このようなセミナーの活用も有効と思われます。

高さ5mから人間の重さのバッグをネット上に落とし、参加者全員で墜落の衝撃を感じる実験

危険感受性の向上に体感教育が行われている

OJT 教育の課題

　現場実践教育手法の一つに OJT（On the Job Training）教育があり
ますが、OJT 教育は、以前と比べ、受講する若者に積極的に学ぶ姿勢
が見受けられないことを課題にあげる人がいます。

　また、見よう見まねだけでは、ときに、労働災害につながることが
あります。例えば、配管のバルブを開ける際、作業手順書には「圧力
計で管内の圧力を計測し、残圧がないことを確認してからバルブを開
ける」などと定められていますが、ベテラン作業員は、面倒だからと
管内の圧力を計測せずにバルブを開けることがあります。ただ、ベテ
ランは、もし残圧があり噴き出したとしても自分にはかからない所に
立ちバルブを開けます。しかし、それを見た若者は、管内の圧力を計
測しないところだけ真似てバルブを開け、噴出したものが顔面にかか
り被災するようなことが起こっています。

　また、グラインダー作業では、狭い場所など正しい姿勢が取れない
所で作業する場合、ベテラン作業員は、グラインダーが跳ね返ってき
ても自分には当たらないような姿勢をとることができますが、若者は
それができず被災してしまうことがあります。

　OJT 教育ではこのようなところまで学ぶことは難しく、OJT 教育の
前に、座学教育が必要であるとの声があがっています。

複数人で行う作業で災害が多発

　最近、施設改修・維持修繕作業を行っている 2 社の労働災害データ
分析をしたところ、複数人で行う作業で、連携ミスによる労働災害が
多発していました。

【災害事例　A 社分】
・6 人で重量物の運搬。降ろす際、「指を抜いて」の声があったが、1
　人の指がはさまれた

・トラック荷台から荷物を地上の作業員に手渡す際、誤って作業員の足に荷物が落下
・2人で収納棚を運搬中、1人が体勢を崩したため、近くにいた人に収納棚が落下

【災害事例　B社分】
・足場上段にいる作業員に資材を手渡そうとしたが、うまく渡せず資材が自分に落下
・屋根板を下から引っ張り抜こうとした際、上で屋根板を支えていた作業員の指が切創
・4人で機器取付。1人が機器を動かしたら急に機器がはまり込み、別の人の手がはさまれた

　このような労働災害が多発するのは、今の時代、一緒に作業する人に「いい？」「ちょっと待って」などの一言がかけられないなど、コミュニケーションをとることが苦手になっているのかもしれません。このことを新しい安全教育に盛り込む必要があるのではないでしょうか。

あやまり方教育のすすめ

　以前、大手メーカーの安全担当責任者から、新人の安全教育に新しくあやまり方教育を採用しているという話をききました。間違ったりうまくいかなかったりしたら「ごめんなさい」と声に出すことを教育訓練するものです。
　OJT教育において現場でベテランと新人がペアで作業する中、ミスをしても無言で謝らない新人がいると、互いの関係がギクシャクしてしまい、それが目立つようになってきたため、そのメーカーでは、あやまり方教育を採り入れたそうです。一昔前では、信じられない教育内容ですが、今の現場の実情を踏まえた教育なのです。

どこに新人がいるか周知する

　無知・未経験・不慣れ対策は、教育訓練が主になりますが、「誰が未経験者なのか」などをその現場で働く人達に周知し、現場全体で新人を見守ることも重要になります。

時代の移り変わりに応じ新しい教育を

　時代が移り行く中、現場にはその時代の若者が入ってきます。15年程前のことです。その当時、つまずいて前のめりに倒れても手がつけられず、顔から地面にぶつかる小学校低学年がいることがニュースで取り上げられていました。

　そのような子どもたちが大人になり、現場に入ってくる時代になりました。無知・未経験・不慣れ対策として、それに応じた新しい安全教育を構築していかなければなりません。

【コラム4】飼育員がトラに襲われる

いるはずのない場所にトラが

　令和4年1月初め、栃木県の那須サファリパークで男女3人の飼育員がトラに襲われた労働災害が発生しました。

　トラはベンガルトラ。体長約2m、体重約150kgもある猛獣です。なぜ、飼育員はこのような恐ろしい猛獣と遭遇してしまったのでしょうか。

　いくつかの新聞・テレビ報道に基づき、この労働災害を振り返ってみます。

　発生日時は1月5日午前、開演前です。若い女性飼育員が外の展示スペース（お客さんにトラを見せる場所）に出ようと、アニマル通路を通ったところ、獣舎にいるはずのトラと鉢合わせして

襲われました（展示スペース、アニマル通路、獣舎の位置図を以下に示す）。

　異変に気づき助けにいった飼育員2名も襲われました。飼育員が展示スペースに行くには、本来、アニマル通路は使ってはいけなかったのですが、外部から展示スペースへの出入口の扉が壊れて使えない状態であったため、普段から、飼育員はアニマル通路を使っていたようです。

　前日夜、獣舎にはエサ（肉）が用意されていましたが、アニマル通路と獣舎の間の扉が開いておらず、このため、トラは獣舎に戻れず、一晩中アニマル通路にいてエサを食べることはできなかったようです。

　この施設では、平成9年と12年にも飼育員などがライオンに噛まれて大ケガをする労働災害が発生しています。

　NHKが、関東甲信越のサファリパークと動物園、計8施設に、飼育動物の安全管理について取材したところ、うち7施設で、飼育員の「うっかりミス」のヒューマンエラーがありました。具体的には、「飼育部屋のカギのかけ忘れでゴリラと接触しケガをした」、「動物が中にいるにも関わらず飼育部屋の扉を開けヒヤッとした」などがあげられていました。

　なぜ、このような飼育員と飼育動物の鉢合わせが、繰り返し発生するのでしょうか。

　限られた情報ながら、それを基に、今回の労働災害の原因を例示してみると、①前日、獣舎とアニマル通路の出入口の扉が開いておらず、トラが獣舎に戻れなかった、②前日、飼育員はトラが展示スペースからアニマル通路を通って獣舎に入ることを確認しなかった（実際は、獣舎に戻っていなかった）、③当日開演前、飼育員はトラが獣舎にいることを確認せずアニマル通路に立ち入った、④外部から展示スペースへの出入り口の壊れた扉が修理されなかったなどがあげられます。

　このうち、②と③は飼育員が確認しなかった（確認できなかっ

た）ものです。特に、③の危険エリアに入る前の確認は、行動を起こす前の最終確認となり、それがうまくできれば、たとえ前日の確認がおろそかになったとしても被災を免れることができます。"行動前の最終確認"は、例えば、感電災害防止のための作業前の検電（本当に電気が流れていないか検査する）のように、災害防止にはとても重要です。

　ただ、これだけ似たような災害、ヒヤリハットが繰り返されるのであれば、飼育員による飼育動物の居場所確認は、できないことを想定しなければなりません。いつでも飼育動物の居場所が特定できる仕組みが必要といえます。

　さらに、飼育員には動物の怖さを感受するため危険感受性向上教育が求められます。

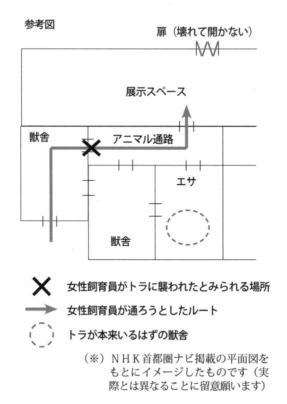

参考図

扉（壊れて開かない）

展示スペース

獣舎　　アニマル通路

エサ

獣舎

✕　女性飼育員がトラに襲われたとみられる場所

➡　女性飼育員が通ろうとしたルート

◠◡　トラが本来いるはずの獣舎

（※）ＮＨＫ首都圏ナビ掲載の平面図を
　　　もとにイメージしたものです（実
　　　際とは異なることに留意願います）

【コラム5】若者には「なぜ？」を教える

大学生による電動アシスト自転車事故

　平成29年12月、大学生による痛ましい事故が起きました。電動アシスト自転車を発進させたところ、歩行者の70代の高齢女性に衝突し死亡させたものです（激突時、時速約9km）。警察の調べでは、左手にスマホ、右手に飲み物を持ちながらハンドルを支え、左耳にイヤホンをかけ、スマホをポケットにしまった直後、事故が発生しました。

　両手がふさがった状態ではハンドルを持ったとしても、ブレーキを十分にかけられなかったことでしょう。電動アシスト自転車は、ペダルを踏めばそこに動力も加わり一気に飛び出してしまいます。

　平成30年8月に横浜地裁川崎支部から禁錮2年、執行猶予4年の判決が下されました。裁判長は「歩行者を死傷させ得るとの自覚を欠いた運転は自己本位で過失は重大」と指摘するなど、厳しい判決でした。

新人への安全教育は一つひとつ丁寧に

　新人教育では、現場に潜む危険を一つひとつ丁寧に教えていく必要があります。その際、「守るべきこと」だけではなく、「なぜ守らなければならないか」も教えることが必要です。例えば、クレーンのアウトリガーはなぜ最大に張り出さなければならないか。それは、最小張出では最大張出のわずか40％しかつることができないからです。クレーンの能力を最大限発揮するためには最大張出しなければなりません。このような「なぜ守らなければならないか？」の教育が理解を進めます。

8. その2. 危険軽視

　ヒューマンエラーの原因となる人間の特性、次は危険軽視です。

　現場では、この危険軽視によるヒューマンエラーがあまりに多く見受けられます。

いろいろな危険軽視

　例えば、

「これくらいの高さなら安全帯をしなくても大丈夫」

「立入禁止エリアに立ち入っても平気さ」

「(坂道にトラックを停め) 車止めはいらないでしょ」

「(クレーン作業で) もう1mブームを倒してもいけるはず」

「(機械を停めずに作業) この方が早く終わる」

「(整理整頓されていない現場を見て) 事故なんか起きないよ」

「(誘導員がいない) 1人でバックしても大丈夫、大丈夫」

「ハシゴは緊結しなくてもいけるよ」

「介錯ロープはいらないよ。つり荷は手でおさえるから」

「(トラック荷台上で) 飛び降りるのはいつものこと」

「坑内の換気は…しなくていいかな」

「(通路が濡れているのを見て) 後で誰かが拭くでしょう」

「(あわてて階段を降りながら) 早く荷物を持っていかなきゃ」

「保護手袋は作業しづらいな」

「(積み荷でフォークリフト前方がみえない) けど、誰もいないだろう」

「(剪定作業で) 昔から安全帯なんかしてないよ」

「(真下で作業しているが) 落とさないから」

「かなり重いけど1人で何とか運べるだろう」

「(木材を身体にあずけ電動丸ノコで切断) 他にやりようがないで

しょ」

「（グラインダー、チェーンソー作業で）防振手袋なしでいいでしょ」

「（立木の伐木作業で）周りに誰もいないはず」

「（脚立の天板に乗り）大丈夫だよ。だって乗らないと届かないし」

　…このような危険を軽視した不安全行動による労働災害が後を絶ちません。

　経験があるため慣れにより安易な気持ちで危険な作業をしたり、“ちょっとなら”“これくらいなら”と、その作業に潜むリスクを過小評価したりすると、危険軽視による労働災害につながってしまいます。

リスクテイキングの５ステップ

　心理学の分野では、危険軽視による不安全行動はリスクテイキングとよばれ、リスクテイキングによる危険な行動までの過程は、①状況の認知（自らの置かれた状況を理解する）、②行動の想起（自らどう行動すればよいかアイデアを浮かべる）、③行動の評価（複数の行動についてメリットとデメリットを考える）、④意思決定（メリットとデメリットを比べどちらかを選ぶ）、⑤行動（その意思決定に従い行動する）の５つのステップに分かれます。

　脚立からの墜落災害を例に、この５つのステップがどのようなものか見てみましょう。

<労働災害事例>
脚立に上がり棚上部に大量に物を収納中、脚立から身を乗り出して墜落

1st.Step（状況の認知）

　　高さ 1.5m の脚立を用いて、棚（幅 10m、高さ 3.5m）の上段に大量に物を収納する作業。できる限り早く作業を終わらせたい。

2nd.Step（行動の想起）

　　脚立をこまめに移動させるのは、脚立の昇降が頻繁となり時間がかかりそう。脚立上から身を乗り出して作業すれば、脚立の移動回数を減らすことができる。

3rd.Step（行動の評価）

　　身を乗り出して作業することのメリット、デメリット（リスク）を抽出する。

　　・メリット：脚立の移動回数が少なくなり作業が早く終わる

　　・デメリット（リスク）：バランスを崩し脚立から墜落する

4th.Step（意思決定）

　　メリット、デメリットを比べて評価する。

　　脚立上での作業は、それほど高くなく重篤な墜落につながりにくい（実際は、その程度の高さで死亡災害が多発）。このようにデメリット（リスク）を過小評価し、メリット（脚立の移動回数を少なくでき早く終わる）を優先させる。

5th.Step（行動）

　　脚立上で身を乗り出し作業を行い墜落する。

リスクテイキング対策はデメリットを増やす、メリットを減らすなど

　ヒューマンエラーの原因となる人間の特性の中でも、この危険軽視の対策はとても難しいと思われます。なぜなら危険を軽視する気持ちは、自然と湧き出てくるもので、止めることができないからです。

　特に、現場での作業を、日常なにげなく安全対策を講じないまま行う場合があることに問題があります。例えば、自宅屋根を修繕するため、ハシゴを使って高さ3m程の屋根に登る際、緊結も下支えもせず不安定な状態のハシゴを使い、屋根に上がっても安全帯を使うこともない。日常生活の中で、このようなことを経験していれば、高さ2～3mの高所作業は、危険を軽視しがちになってしまいます。

自宅の屋根に上ったとき、安全対策を講じていましたか？

　また、「毎日の通勤。猛スピードで通過する急行列車を横に見ながらホームに立つ方がよっぽど危険だ」などと、日常と比べ、現場の作業の危険を軽視する人もいます。しかし事業場にそれを持ちこませてはいけません。

　では、危険軽視対策をどのように考えればよいのでしょうか。

　立教大学の芳賀先生は、著書「失敗の心理学」の中で、リスクテイキング行動は、心理的に抑制することが効果的である。具体策には、①リスクに気づかせる。リスクを高く評価させる、②リスクテイキン

グによるメリットを減らす、③リスクテイキングしなかった場合のデメリットを減らすなどが効果的と指摘しています。

このことを上の事例にあてはめると、脚立の使用を前提として、具体策例は次のようになります。

---

①に対し：脚立からの墜落は、死亡災害が多発していることを教える。

②に対し：「あなたは、危険を顧みずに作業をして早く終わればよしとするかもしれないが、あなたのその危険な作業を見た経験不足の若者が、今後、それを安易に真似して墜落するおそれがでてくる」この点を教える。

③に対し：脚立をこまめに移動すれば、常に正しい姿勢で作業ができる。正しい姿勢は、早くきれいに収納することができ、作業効率がアップする。このため、脚立の昇降をてきぱきと行えば、身を乗り出して作業するよりも早く作業が終わることを教える。

作業員の心を動かし、安全行動に変容させる

もう一つの危険軽視対策としては、作業員がたとえ危険を軽視したとしても、そこにある安全の基本ルールを守らせるようにすることです。「えっ！　そんなことが本当にできるの？」と疑問の声が聞こえてきそうですが、実際に、それが実践できていると語る現場があります。

建設現場の事例です。そこでは、現場責任者が、いかに工期が厳しくても、いかに予算が限られていても、常に「安全と施工は一体である」、「安全と工期、ともに大切」という信念をもち、リーダーシップを発揮し、現場の安全を引っ張ることにより、たとえ作業員に危険を軽視する気持ちが芽生えたとしても、「面倒だけど、あの人のいうこ

とはきこう」と基本ルールを守ろうとするようになると指摘しています。

　また、基本ルールを守り続ける現場をつくるためには、そこで働く人達の良好な人間関係の構築も大切といわれています。

　このように、作業員を「この人のためなら守ろう」「この現場のためなら守ろう」などという気持にさせ行動変容を促します。

　まず、心を動かすことです。危険軽視対策はこのことがポイントといえます。

9. その3. 不注意

「○○に注意」は効果が限られる

　現場では不注意による労働災害が多発しています。足元に不注意になりつまずき転倒する。車両がバックで迫ってくることに気づかずひかれる。開口部に気づかず墜落する。不注意でナイフで指を切る。ドアを閉めるときに不注意で指をはさむ。高所作業車のボックス内でブームを操作中、後方不注意で壁に激突する。このような労働災害が後を絶ちません。

　作業員が不注意により労働災害を引き起こすと、再発防止対策として、不注意をしないよう安全教育を実施するところが見受けられますが、そのような安全教育の効果は限られています。

人間の注意力には限界がある

　なぜなら、人間の注意力には限界があるからです。注意力に限界がある人間に対し、作業中、ずっと安全に注意を払い続けなさいは無理です。仮に、そこで何もせず、足元だけに注意を払っていれば、つまずかないかもしれませんが、現場にいる作業員は、重要な任務である作業を行っています。一生懸命、集中して作業を行っています。

　人間は一つのことに集中すると他のことにまで注意が払えなくなります。言い換えると、他のことに不注意にならないと一つのことに集中できません。つまり、作業に集中すればするほど、安全に注意が払えなくなるのです。

　実際に起こった不注意による労働災害を見ていきましょう。

【災害事例　屋上の防水工事】

　建設現場の不注意による死亡災害の一つには、屋上の防水工事の墜落災害があげられます（図）。防水シートの敷設作業。後ろに下がりながら、ロール状の防水シートを伸ばして敷いていく。敷くことに集中するがあまり屋上の端に気づかず、パラペットにつまずき墜落し死亡。信じられないような死亡災害ですが、何度も発生しています。防水シートを敷く作業は、防水シートがよれてほんの少しでも隙間が生じたら防水機能を果たせなくなり失敗です。このため、作業員は全神経を集中させ作業を行い、ときに、背後にまったく注意を払えなくなる状況に陥ります。

屋上の端に気づかず、パラペットにつまずき墜落

3階建ての屋上から落下

屋上の防水工事で起こった墜落災害

【災害事例　バックでひかれる】

　バックする車両にひかれる労働災害が後を絶ちません。トラック、フォークリフト、バックホウ等、様々な車両の背後にいた人がひかれてしまう（図）。消防車でさえもバックで消防隊員がひかれる事例が報告されています。

バックする車両が作業員をひく災害はあまりに多い！

作業に集中すれば、警報音も耳に入らない

　このような労働災害が発生したとき、車両の運転手は、背後に人がいるとは思わなかった。一方、ひかれた人は、車両が近づいてくるとは思わなかった。いつも必ずこう答えます。これの繰り返しです。どちらかが気づいていれば、このような労働災害は発生しません。

　たとえ車両がバックするとき、「ピーピーピー」と警報音を鳴らしても、作業に集中すれば、ときに、それが耳に入らなくなります。

　人間の耳は、自分の聞きたい音だけを聞くという特殊な能力があります。例えば、人間は複数の人が一斉に話しかけてきても、そのうちの1人だけの話を聞き取ることができます。不思議だとは思いませんか。同じくらい離れたところから、数人の似たような音量が一斉に発せられれば、それらが耳元で混ざり合い、聞き取りができなくなっても不思議ではありません。しかし、人間の耳は自分の聞きたい音だけを拾い、その他の音を排除することができます。

　女子レスリングでオリンピック4連覇を達成し国民栄誉賞を受賞した伊調馨選手が、3連覇を決めたロンドンオリンピック決勝直後のインタビューで、対戦中、姉の声援が聞こえたと話していました。オリンピック会場での大観衆の中でも、大切な姉の声は聞くことができるのです。

【災害事例　運搬作業中の転倒】
　現場で物を運ぶとき、運搬する作業員がつまずき転倒することが多発しています。人力で運搬しているときも、台車やロールボックスパレット（カゴ車）などを使って運搬しているときも転倒災害が多発しています。床や通路に物が散在していたり段差などがあったりすると、それらに十分な注意を払えず、つまずいてしまいます。なぜ注意が払えないのでしょうか。それは、運搬作業中、作業員は、運んでいる物をぶつけない、落とさないことに意識を集中させるため、足元に注意し続けることができないからです。

【災害事例　歩行中の転倒】

　歩行中、段差、突起物、通路に置かれた荷物、通路に放置された資材などにつまずく転倒災害が多発しています。これも作業員の不注意が原因とされることがありますが、そうではありません。つまずくものがあることが問題なのです。「つまずくものがある限り、つまずきによる転倒災害はなくならない」。このことを十分に理解する必要があります。また、濡れた床や通路、油まみれの床などは滑りやすく、床にコードを無造作に這わせているとそれに引っかかりやすい。このような場所での作業では転倒災害が多発します。

「人間の注意力には限界がある」を自覚する

　不注意による労働災害はどのように対策を考えていけばよいのでしょうか。

　対策の第一歩として、「人間の注意力には限界がある」、このことを肝に銘じなければなりません。注意力に限界がある人間に対し、作業中、ずっと安全に注意を払い続けなさいは無理です。

　高速道路で山間部を走行中、「シカに注意」の道路標識をみかけることがありますが、ドライバーに対し、このようなシカの飛び出しの可能性があるという新たな危険情報を提供することは一定の効果があります。しかし、「シカに注意し続けなさい」は無理です。ドライバーは、走行中、様々な安全確認を行わなければならないからです。

スクリーンの中にいる熊に気づかない

　以前、心理学を専門とする先生がヒューマンエラーの講習会でバスケット選手が何人も登場する映像を上映しました。私も受講者の1人でした。上映前、受講者に対し「これからバスケット選手がパス交換を行います。何回パス交換をしたか数えてください」と問いかけました。映像が始まり、パス交換が始まりました。しばらくして映像が終

了し、先生が会場に向かって尋ねました。「何回パス交換したでしょう？」。何人かが答えました。正解がでた後、先生は次の問題を投げかけました。「今、この映像の中に、着ぐるみのクマが出てきました。それに気づいた人は？」。会場には大勢の受講者がいましたが、1人も手が挙がりませんでした。もちろん私もです。先生は、その映像をもう一度上映しました。するとどうでしょう。黒い着ぐるみの大きなクマがスクリーンの端から端まで堂々と歩いていました。それを見た受講者からは、「なんなんだ。あんな大きなクマに気づかないなんて」と失笑気味の声が聞かれました（図）。

　会場がざわつく中、先生はさらに問いかけました。「今の映像の中、背後にある舞台幕の色が青から赤に変わりましたが、それに気がついた人は？」。会場は再びシーンと静まり返りました。私を含めクマに注意を払っていたほとんどの受講者は、その色の変化に気づきませんでした。

　人間の注意力は所詮この程度です。スクリーンの中、バスケットボールを追えば着ぐるみのクマには気づかず、そのクマを追えば舞台幕の色の変化に気づかず…。人は自分が気にすることしか注意を払わないのです。

　皆さんが、現場の労働災害を本気で撲滅しようと考えているのであれば、注意力に限界がある人間に対し、始業から終業までの長時間ずっと、「○○に注意」に頼ることは無謀だと思わなければなりません。さらに、ここに「あわてる」が加われば、「○○に注意」が払えないことに拍車がかかります。

パスの回数を数えるのに集中するとクマに気づかない

作業員を見守る人を配置

では、どのように不注意対策を考えていけばよいのでしょうか。

先に示した不注意による労働災害事例それぞれについて考えてみましょう。

屋上の防水工事では、防水シートを敷くことに全神経を集中させる作業員を墜落から守るため、外周足場・手すりの設置、屋上での親綱設置・安全帯使用などの対策が不可欠です。さらに屋上には、作業指揮者などが、作業状況を見守り続け、安全に注意を払うことが難しい作業員を墜落災害から守ることも必要です。

「死角に気をつける」から「死角をなくす」へ

バックする車両にひかれる災害は、運転手に死角があることが大きな問題です。このため、対策は死角をなくすことが一番です。バックモニターを装備し、運転手が、車両の背後などをモニターを通して目視で確認することが有効です。加えて、車両を誘導する専門の誘導員を配置し、誘導員が車両周りの安全を確認した上で、バックの合図をして誘導します。ただ現状、運転手が誘導員の誘導を無視することが見受けられます。そのようなことが決して起こらないよう「誘導員の誘導なしではバックしない」。このような基本ルールを厳格に守ることができるような現場の安全管理方法を構築します。さらに、車両の移動エリアと人の移動エリアを明確に分けるため、その境界をバリケードなどで区画することも必要です。

何より整理整頓。つまずくものを取り除く

人力での運搬作業中の転倒災害の防止対策は、運搬経路の整理整頓に努め、そこには物を置かないなどつまずく物を取り除く。歩行中の転倒災害の防止も、歩行者通路をきちんと確保し、そこにはつまずく物を置かない。床にはコードを這わせない。やむを得ずコードを這わ

す場合は、その上に養生マットを敷く。段差には擦り付け、突起物にはクッションで養生し、注意看板も設置します。

滑りにくいマットも敷設

　整理整頓は現場の基本です。整理整頓は時間も手間もかかりません。ちょっとしたことの積み重ねです。この2枚の写真を見てください。工事現場の写真です。左が片づけ前、右がその1分後。わずか1分で片づけ完了です。

わずか1分で片付け完了！

　その他、ぬれた通路や床、油まみれの床などでの滑りによる転倒災害の防止対策は、清掃して水や油を除去する。スロープ通路には踏みざん、滑り止めテープなどを取り付け、靴は滑りにくい安全靴（防滑靴）の着用が有効です。屋外作業では、靴底が泥だらけになると滑り

やすくなるため、靴底の洗い場の設置が必要になる場合もあります。

設備面の対策と人の配置を確実に

　このように、不注意対策は、作業員に不注意をしないよう安全教育を行うのではなく、安全設備面の対策、監視員・誘導員の配置、整理整頓をはじめとする現場の基本ルールを定め、それを守り続けることができる現場の安全管理方法の構築が求められます。

10. その4. コミュニケーションエラー

現場では、毎日、いろいろな安全指示が出されています。

「高所作業では、安全帯を使用してください」

「作業開始前、あそこには立入禁止措置をすること」

しかし、指示がうまく伝わらず、ときに、労働災害が起こってしまいます。なぜなのでしょうか。

それは、指示を出すのも人間、指示を受けるのも人間。人間同士のやりとりにはエラーがつきものだからです。

エラーを0にすることはできないでしょう。しかし、減らすことはできます。また、たとえエラーが起きても、それを事故につなげないことも十分可能です。

安全指示を「うまく伝える、しっかり守る」には、どうすればよいでしょうか。

指示は伝わらないことが多い

まず、指示はどれほど伝わっていないのか見ていきます。

過去に、建設現場の責任者を対象に安全指示がうまく伝わっているかアンケートをしたことがあります。

答えは驚きでした。「いつも理解・納得している」と答えたのは、わずか8.5%。実に9割以上が、正確に伝わったのか不安に感じていました。

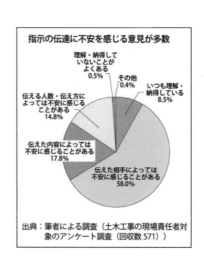

指示の伝達に不安を感じる意見が多数

- 理解・納得していないことがよくある 0.5%
- その他 0.4%
- いつも理解・納得している 8.5%
- 伝える人数・伝え方によっては不安に感じることがある 14.8%
- 伝えた内容によっては不安に感じることがある 17.8%
- 伝えた相手によっては不安に感じることがある 58.0%

出典：筆者による調査（土木工事の現場責任者対象のアンケート調査（回収数571）

不適切な指示で重篤な災害が多発

　指示を出す人がどこに危険が潜んでいるのかわかっていない、現場の状況を把握していないことなどが原因で、大事な指示がなく死亡災害が発生しています。

【災害事例　酸欠死亡災害】

　マンホール内での作業。50代の作業員がタラップを降りているとき、硫化水素により意識を失い死亡。

　マンホール内の作業では酸欠、硫化水素中毒などの怖さを伝え、その中に入る前に、①濃度測定、②十分な換気、③防毒マスク着用などの指示をしなければなりません。

酸素濃度を測定せず
マンホールに入り被災

【災害事例　高圧電線で感電死亡災害】

　台風で破損した屋根のふき替え作業中、高圧電線（交流6,600V）に触れ20代の作業員が感電死。

　そこに高圧電線があること、高圧電線の危険を伝え、決して高圧電線に近づかないように指示することが重要です。

指示を聞かずに被災

　一方、指示が出されていても、その指示を守らず勝手に作業をして、

重篤な災害が発生しています。

【災害事例　脚立天板からの墜落災害】

> シート張り作業。脚立とビティ足場に足場板をかける指示。しかし、50代の作業員はその指示に従わず脚立天板上で作業を行い、バランスを崩し墜落し負傷（休業2週間）。

作業員は、「足場板をかけるのは面倒だ」と、指示をきかず不安全行動をしてしまいました。このようなケースでは、作業が指示どおり行われているかどうか、実作業の確認が必要です。

【災害事例　足場組立中に墜落死亡災害】

> 他作業の作業員に、組立中のブラケット足場に近づかないよう指示。しかし、10代の作業員はその指示をきかず、不安定なブラケット足場に乗り墜落し死亡。

誰も見てないと、「まあいいか」と勝手に行動してしまうことがあります。用もなく現場をウロウロして被災することも少なくありません。

なぜ、指示がうまく伝わらないのか

指示がうまく伝わらない原因には、いろいろなものがあります。

○指示が一方的である

忙しい現場では十分な時間がなく、指示が一方的になりがちです。指示をした後、作業員が何もいわないから理解したと思うのは間違いです。

○指示があいまいである

「玉掛け合図の徹底」とだけの指示では、あまりにあいまいです。

その日の玉掛け合図者か決まる前に、このような指示が出されること
も少なくありません。

○指示がマンネリである
　何日も同じような作業が続くと、毎日毎日、「安全帯使用の徹底」、
「重機の作業半径内立入禁止」、「足元注意」…指示がマンネリになっ
てきます。

安全指示がマンネリ化していませんか？

○的外れな指示である
　現場経験が乏しく、どこに危険が潜むかわからない場合、現場に足
を運ばないため現場の状況が把握できていない場合などは、的外れな
指示になりがちです。

○指示を守る意識が低い
　「これくらいなら大丈夫！」と、指示を守らないことが多いのが実
態です。現場では、危険軽視によるヒューマンエラーがあまりに多く、
やっかいです。

○現場がギスギスした人間関係である
　現場で働く人達の人間関係がギスギスしていると、「あいつのいう

ことなんか聞くものか」などと、指示を守ろうとする意識が高まりません。

どうすれば指示をうまく伝えられるか

指示をうまく伝えるポイントを覚えておきましょう。

その1　指示をする人の心構え

○現場の責任者の自覚をもつ

ベテランの「これくらいなら大丈夫」という安易な気持ちと戦うには、「自分がしっかりやらないとダメだ」と、現場責任者の強い自覚が必要です。

○例外は認めない、妥協をしない

指示を出す人は、例外は認めない、安易な妥協はしないことです。いつも毅然とした態度でのぞみます。

○強い信念を持ち、全員を安全活動に巻き込む

指示を出す人の安全に取り組む姿勢が、そのまま現場に反映されます。強い信念を持ち、全員を安全活動に巻き込んでいきます。

その2　指示には欠かせないもの

○現場の状況を常に頭にたたき込む

いつも的確な指示を出すためには、現場を見て、日々刻々と変わる現場の状況を常にしっかり把握しておくことが必要です。

○安全関係法規を覚える

労働安全衛生法等、安全関係法規を理解しましょう。特に、「高さ1.5m超は昇降設備を使う」など、法規に定められている数値を覚えておきます。

○作業前、入念な打合せが必要である

　指示をうまく伝えるためには、作業前に入念な打合わせを行い、みんなが具体的な作業の流れをイメージできることが必要です。

その3　指示に工夫をこらす

○指示は「5W1H」で

　あいまいな指示をなくすには、いつ（When）、どこで（Where）、誰が（Who）、何を（What）、なぜ（Why）、どのように（How）を明確にします。

○指示には「主語」をつける

　特に、指示には主語をつけ、「誰が」行うかを明確にします。それにより、指示を受けた人の責任感も高まります。

○「なぜ」を教える

　単に「作業半径内は立入禁止」ではなく、「バックホウは誤作動による死亡災害が多い。だから作業半径内は立入禁止」のように、「なぜ」を教えます。

○指示は個別等少人数で

　一度に大人数へ行う指示は伝わりにくく、他人事と思ってしまう作業員が出やすくなります。指示はできる限り少人数に対して行い、一人ひとりの当事者意識を高めます。

○指示はポイントを絞る

　指示はポイントを絞り、短時間で簡潔に行います。そしてそれを繰り返し説明します。一度に、たくさんは覚えられません。

○相手に応じ、指示の内容を変える

　経験の浅い作業員には、時間をかけ丁寧に説明します。一方、熟練者には、一方的な指示ではなく、熟練者の意見を聞きながら、指示の内容を固めます。

○図面、ポンチ絵、写真等を多用する

　効果的に指示をするには、図面、ポンチ絵、写真、映像などを用います。作業員から意見も出やすくなります。

○過去の事故事例を用いる

　クレーン作業ではクレーンの転倒写真など、これから行う作業の過去の事故事例をみせ、指示を守る意識を高めさせることも効果的です。

ときには災害事例を見せながら、丁寧に説明する

その4　作業場所での直接指示、指示の後には確認を行う

○作業内容を変更した場合、作業をいったん中止する

　作業内容を変更した場合、作業をいったん中止し、職長を含めた作業員全員が新たなリスクを洗い出し、対策を打ち出し、新しい指示を出します。

○実際の作業場所で指示する

指示を出す人と受ける人の頭の中の作業イメージが異なると、指示はうまく伝わりません。そこで実際の作業場所で指示する。このことで、両者の頭の中の違いが極力少なくなります。

○相手が理解したか確認する

指示の内容を本当に理解したかどうか確認することも必要です。理解したつもりでも、うっかり勘違い、思い違いをすることもあります。

○相手に質問する

指示した相手に対し、指示を理解したか確認するため、質問することは有効です。また質問により、適度な緊張感や当事者意識も芽生えます。

○指示どおりか、実際の作業を見て確認する

指示は伝わらないことが多いため、事後確認は重要です。もし現場が指示どおりでなければ、その場で注意できます。

指示をしっかり守るためには

指示を守るため、指示を聞く者は、わからないことをその都度、質問することが必要です。

その1　指示を聞く者の安全意識を高める

○自分のための安全である

「自分のための安全」と思っている作業員は、安全の基本ルールを守ろうとするなど、現場の様々な安全活動に協力的です。

○事故を起こすと多くの人に迷惑がかかる

自分だけは大丈夫という考えは間違っています。事故を起こすと多くの人に迷惑がかかり、多くの人に責任が及びます。

○職長が緊張感を持つと現場がしまる

職長によって KY 活動の緊張感に差がでます。緊張感を持たないと指示はうまく伝わりません。作業グループをとりまとめる職長の安全意識の高さは重要です。

その2　指示を十分理解する。思い違いをなくす

○指示が十分に理解できなければ質問する

指示はいつも完璧ではありません。あいまいな指示も多いです。十分に理解できなければ、どんどん質問して確認することが必要です。

○右といわれても左と思い込むことがある

指示した内容の確認は重要です。思い込むと全く違ったことをする場合があります。「停電」と思い込み、実は「通電」で感電することも少なくありません。

○守りにくい指示もある。みんなで改善に努める

現場は生き物です。作業状況に応じた的確な指示ができないこともあります。その場合、指示を受ける側も交え、皆で改善に努めます。

うまく伝える、しっかり守る現場をつくる

指示をうまく伝え、しっかり守る現場をつくるには、指示をする側・受ける側が、一つのものをつくるという目標に向かい、互いに協力し合うことが重要であることを忘れてはいけません。

その1　良好な人間関係の構築を図る

○現場全体のよい雰囲気をつくる

指示をうまく伝えるためには、みんなが仲間であるという意識を浸透させます。現場全体のよい雰囲気づくりが大切です。

指示を伝えるには良い人間関係の構築が必要

○毎日のあいさつ、会話を弾ませる

　現場のよい人間関係を構築するため、常日頃のあいさつ、朝礼時、休憩時、昼食時などで会話に花を咲かせます。「あいさつは、時の氏神」です。

その2　互いに意見を出し合う

○現場を一番知っている作業員から提案する

　一方的な指示ではなく、作業員からも提案が出て、それを実践する。このことにより、現場の安全活動は間違いなく活発になります。

○みんなで話し合う

　みんなで安全対策を話し合うことにより、各自に当事者意識が芽生え、安全意識が高まってきます。実作業でも創意工夫を凝らした安全対策が実践できるようになります。

○体験談を話す

　ヒヤリハットなどの体験談をみんなで語り合います。みんなの体験談は身近に感じ、安全意識が高まりやすくなります。

現場所長らが語る　指示をうまく伝える秘訣

　最後に、建設現場のベテラン所長らが語る指示をうまく伝えるための秘訣を紹介します。

○「三現主義」を貫く
・現場で、現物を、現実に。見て、聞いて、触れて、指示をする。このような「三現主義」を貫く

○指示の理解度には個人差があることを知る
・安全意識には個人差がある。指示の理解度にも個人差がある。同じ指示でも、行動が異なると思え

○粘り強く、繰り返し指示する
・指示を聞かない作業員を見つけたら、必ずうまくいくという信念をもち、時間をかけ、粘り強く、繰り返し指示を出す

○「○○さん」と名前を呼ぶ。「はい」と返事をもらう
・まず人の名前を覚え、直接、名前を呼んで指示すると伝わりやすい。また、指示をした人に、指示を守る約束として、「はい」と返事をさせる。人間には約束を守ろうとする本能がある

○「朝一番」「昼一番」は、平気で1〜2時間ずれる
・あいまいな指示をしない。普段よく使う「朝一番」「昼一番」も、平気で1〜2時間ずれる。安全指示には使わない

○「安全と施工（生産）は一体」という信念をもつ
・指示を出す人が、「安全と施工（生産）は一体である」という信念をもつ。施工（生産）1番、安全2番になると、誰も2番のことは考えなくなる

11. その5. 集団欠陥

　期日が逼迫した現場では、期日内に仕事を終わらせるため、その現場に携わる者全員が期日を守ることを最優先させるような雰囲気になり、不安全行動が起こったり、不安全行動をする者を注意しづらくなったりすることがあります。

　これは集団欠陥とよばれ、日本的な組織風土（社風、企業文化ともいう。組織内に根づく価値観）によるとされています。組織として至上命題があれば、そこで働く者は、それを達成するためにあらゆる努力を傾け、安全確保が後回しにされてもそれをやむなしとしてしまう。日本人は目標が決まると、よかれあしかれ、それに向かって邁進する特性があるといわれています。

【事例　臨界事故】

　平成11年9月、JCO東海事業所で、核燃料加工中にウラン溶液が臨界状態に達し大量の放射線が発生し、近くで作業中の作業員2人が死亡、1人が重症、667人の被曝者を出すなど、日本中を震撼させた大惨事が起きました。

　事故原因は、ずさんな作業方法とされています。具体的には、正規マニュアルではない裏マニュアルに従い、ウラン化合物の粉末を溶解する際、指定の装置ではなく、バケツを使って人力で溶解していたところ、溶液が臨界状態となり放射線が大量に発生し、作業員が被曝したとされています。そのような作業方法をとった原因の一つに、過度な生産最優先の組織風土があったと指摘されています。これは典型的な集団欠陥の事例です。

安全重視の組織風土を根づかせる

　集団欠陥は組織の問題です。対策は、生産（施工）最優先とせず、

安全優先を加えた価値観を根づかせた組織風土を醸成させることです。現場であれば、現場責任者のリーダーシップにより、いかに予算が限られていても、いかに納期や工期が厳しくとも、「安全と生産（施工）は一体である」、「安全と納期（工期）ともに大切」という信念をもち、現場を引っ張ることにより、生産（施工）第一、安全第二の現場をつくらないことです。

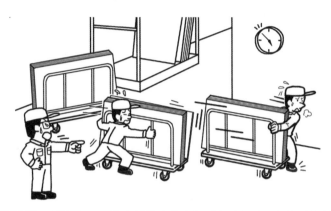

生産最優先の雰囲気で不安全行動を注意しづらくなることも（集団欠陥）

【コラム 6】地下鉄ベビーカーはさまれ事故

　平成 28 年 4 月 4 日、東京メトロ九段下駅で、電車がドアにベビーカーをはさんだまま発車し、そのベビーカーが駅の端の柵に激突し大破した事故が起こりました。幸いにもベビーカーの中に子どもは乗っていませんでしたが、もし乗っていれば大惨事につながるところでした。ドアは 15mm 以上開いていれば異常が検知されますが、はさまったベビーカーのパイプの太さは 15mm もなく、異常が検知されず発車してしまいました。最後の砦となる車掌の目視による安全確認は、ドアにベビーカーがはさまる異常事態が発生したにもかかわらず電車を緊急停止できず、機能しませんでした。

　東京メトロは、この事故の再発防止対策を検討するため「ベビー

カー引き摺り事故再発防止対策推進委員会」を設置し、1人の車掌が緊急停止できなかったヒューマンエラーを対象に、ヒューマンエラーが起こっても大事故につながらない対策と、ヒューマンエラーが起こりにくい対策に分け、車両の戸挟み検知精度の向上（現行 15mm → 10mm）、ホーム警備員の増員、実車を用いた緊急停止訓練の実施等、13 の再発防止対策を打ち出しました。

　本委員会の外部委員の1人は、検討結果報告書の中で、「部外者である我々外部委員に対して多くの情報が包み隠さず提供され、席上では幅広く熱い議論が展開された。そこに、『二度と同じような事故を繰り返してはならない』という関係者の強い思いを感じるとともに、その真摯な取り組み姿勢に感銘を受けた」とコメントしました。

　経験の浅い車掌のうっかりミスに留めず、事実を集め事故原因を徹底的に究明し、うっかりミスが起こっても事故が起こらないような仕組みを構築する。安全対策を多重に施す。まさにヒューマンエラー対策です。

　ただ、どれほど再発防止対策を講じても、時が経つにつれ新たな問題が出てくる可能性があります。それはやはり「人の問題」でしょう。このことを忘れずに今後の取り組みが推進されることを願います。

12. その6. 近道・省略行動

本能的な行動は抑えることが難しい

　人間は、ときに、本能のおもむくまま行動することがあります。

　近道・省略行動とは、人間は効率的に物事を進める側面があるものの、面倒な手順は省略したいなど、ときにそれが不安全行動につながります。現場に「面倒だな」というものがあると、本能的にそれをしたくない気持ちが芽生え、危険な近道や無謀な手順の省略など、不安全行動につながってしまいます。

【事例　立入禁止場所付近】

　現場内を移動する際、立入禁止場所があっても、その中を通った方が近道であり、さらに何度もそこを往復しなければならない場合、誰も見ていないと、「遠回りは**面倒だ**」と、勝手にその中に立ち入る者が出てきます。

【事例　機械の点検・整備】

　機械の点検・整備では、機械を停止させなければなりません。しかし停止は**面倒であり**、また停止させない方が「早く終わる」と思うと、機械を動かしたまま点検・整備し、機械に巻き込まれてしまう。このような労働災害が後を絶ちません。

【事例　フォークリフト、油圧ショベルの運転】

　フォークリフト、バックホウなどは、オペレーターが席を離れるときには、エンジンの停止が鉄則です。しかし少しの間だからと、エンジンをかけたまま運転席から降りてしまうことがあります。フォークリフトの運転中、移動先の閉められたシャッターを開けなければならないとき、バックホウのオペレーターが現場で作業員と作業確認するときなどは、「ちょっとの間なので、エンジンを切るのは**面倒だ**」と、

エンジンを切らず運転席を離れ、その際、操作レバーに足が当たることなどにより、機械が誤作動を起こし、周辺にいる作業員を巻き込む災害が数多く発生しています。

【事例　不便な通路】

　現場にある移動通路は、作業員の動線を十分に配慮せず、そこを移動するたび、遠回りに感じさせるものがあります。生産設備を優先させ作業員の移動通路が後回しになったり、そもそも作業員の動線をほとんど考慮せず、移動通路を定めたりするためです。作業中、そこを何度も遠回りで移動しなければならないとき、作業員は「**面倒だな**」と感じ、その通路を使わなくてもよい方法に考えをめぐらせる。そこに、近道行動が生まれてしまいます。

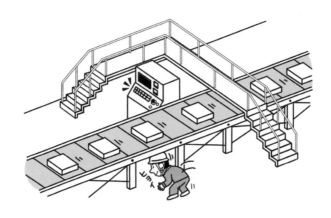

「面倒」な動線が近道行動の原因に

【事例　面倒な作業手順】

　作業手順書では、手順どおり進めると作業が**面倒になる**と感じると、その手順が省略され、不安全行動になることがあります。ここにも、作業を優先するあまり作業員の面倒さはやむなしとしたり、当初から作業員の作業のしやすさを十分考えずに作業手順を定めたりすることなどに原因があります。

【事例　プラントでの踏台使用作業】

　プラントなどで、踏台に乗って作業しなければならない場合でも、その場に踏台の替りになる配管などを見つければ、踏台を用意するの**は面倒と感じ**、足場には適していない配管の上に乗って作業を行い、そこから滑り落ちて足を痛めるようなことがでてきます。以前、ある製油所では、この不安全行動に頭を悩ませていました。

【事例　蛍光灯の取替作業】

　ビルメンテナンス業では、オフィス天井の蛍光灯取替作業が行われます。脚立に上がって蛍光灯を取替え、取替え後は脚立を降り、次の取替えのため脚立を移動させ、また脚立に上がって取替える。この作業を繰り返します。このような脚立のこまめな移動が**面倒に感じる**と、作業員は、脚立をあまり動かさず、脚立上で身を乗り出し取替えようとして、バランスを崩し墜落してしまうことがあります。

「面倒だ」と思うと…

　このように、人は「面倒だな」と感じると、ときに不安全な行動をしてしまいます。

　「面倒だな」と思ってはいけないと、いくら厳しく指導しても、本能的にそう思う気持ちは、いつでも湧き上がってきます。その気持ちをなくすことはできません。このことを十分理解しなければなりません。

近道・省略行動対策

　では、近道・省略行動対策をどのように考えればよいのでしょうか。

　対策には、①現場から「面倒だな」と感じるものをなくす、②「面倒だな」と感じても、近道・省略などの不安全行動をさせない、大きくこの２つの方法があります。

○現場から「面倒だ」をなくす

　作業手順や移動通路は、作業員が効率的に作業できるかという視点で、チェックする必要があります。また、作業以外の作業員の動きにも配慮します。作業中、作業員がどのように動くかを把握し、遠回りな移動などの無駄な動きや、無理な動きがないかチェックします。

　これには作業員の声をきくことがとても大切です。現場で起こっている本当のことは、現場で働く作業員にしかわかりません。

　ただ、作業員が本音を語るまでには時間がかかります。このため、じっくり話をきく姿勢が求められます。一方、作業員が本音を出し始め、これが面倒、あれも面倒という声が出てきたとき、「何が面倒だ！ちゃんとやりなさい」とは、決してなってはいけません。作業員が面倒だなと思う気持ちは、彼が怠け者だからではなく、本能的に湧き上がっているのです。このことを肝に銘じ、作業員の声をきくことに精力を傾けます。

○「面倒だな」と感じても不安全行動をさせない

　現場から作業員が「面倒だな」と感じるものをなくすことは、近道・省略行動対策として特効薬です。しかし、何から何までそれができるかというと、そこには限界があります。

　このため、安全の基本ルールを守り続けるための教育が欠かせません。機械の点検・整備時は機械を停める。運転席から降りるときはエンジンを切る。このようなルールを徹底させます。

　そのためには、近道・省略行動は、ときに信じられない死亡災害をもたらすことを教えます。例えば、様々な機械では、停めずに作業をして機械に巻き込まれる、感電するなどの死亡災害が多発していることを教えます。また、バックホウでは、オペレーターがエンジンを切らずに運転席から離れようした際、操作レバーに足が当たり機械が誤作動しアームが旋回し、周辺にいた作業員を巻き込む死亡災害が数多く発生しています。加えて、運転席から降りる際、雨天時には、雨合

羽が操作レバーに引っ掛かり誤作動。冬場には、防寒着が操作レバーに引っ掛かり誤作動。このような誤作動による死亡災害が全国で数多く発生していることを教え、機械は突然凶器に変わることを作業員に十分に理解させなければなりません。

【コラム 7】平成 28 年の軽井沢バス転落事故から 1 年後、現場に赴く

平成 28 年 1 月 15 日、軽井沢バス転落事故が発生しました。スキーツアーのバスが、碓井バイパスの下り坂、対向車線をはみ出して崖下に転落し、15 人もの方が亡くなった大惨事。運転手 2 人を除くと、13 人は皆、大学生。前途ある若者達に襲った突然の悲劇でした。多くの皆さんの記憶に残っていることと思います。

私事で恐縮ですが、亡くなった 1 人は長男の同級生の友人でした。身近で起こった突然の大惨事に直面し、言葉を失いました。

報道によると、事故現場の約 1km 手前から始まる下り坂を、制限速度 50km を大幅に上回るスピードが出ていたとみられ、長野県警は、ガードレールに激突したときのスピードは推定時速 96km であったと公表しています。

金曜日未明の大惨事。長男の友人は、翌土曜日に通夜、翌日曜日に葬儀が執り行われました。あまりに早い別れが、あっという間に訪れるとは…。

事故後 1 年が経ち、事故現場に家族で供養に出かけました。東京の練馬 IC から関越自動車道に乗り、そのバスと同じように長野自動車の松井田妙義 IC で降りました。碓井バイパスに入り、上り坂のヘアピンカーブが何度も続きやがて頂上に。その後は下り坂。下り坂を進んでいくと、ガードレールには「この先、死亡事故現場」の看板が現れました。下り坂最後のカーブを曲がったところが事故現場でした。その左カーブを曲がり切れば、あとは

まっすぐな道。軽井沢の町に到着するところでした。事故現場には献花台が置かれ、数多くの花束、折り鶴などの供え物がありました。人の悲しみや無念さが残っているようでした。

　これまでバス運行会社のずさんな安全管理が数多く報道されています。出発時、点呼簿には運転手を点呼確認した後に押印すべき社長印が数日分すでに押されていた、バス運行会社は運転手に対し運行指示書で走行ルートを指示すべきところそれがなされていなかった。業務報告書には、目的地到着後に業務終了を示すため運転手が押印することになっていたが、目的地到着がかなわなかったその事故の業務報告書にはすでに押印がされていたなど、でたらめな管理が次々と明らかにされてきました。

　令和4年10月、検察はバス運行会社の社長ら2人に、事故で死亡した運転手への適切な指導監督を怠ったとして、禁固5年を求刑しました。

事故現場写真（平成 28 年 11 月筆者撮影）

13. その 7. 場面行動

反射的に行動してしまう

　人間は瞬間的に注意が一点に集中すると、とっさに行動してしまうことがあります。これが場面行動です。ときに、危険をかえりみず行動し、事故を招いてしまいます。

　場面行動は、学習などによらず、外部からの刺激に対し、反射的に引き起こされる行動とされ、いつでもどこでもやってきます。抑えることが難しく、現場の安全を確保する上でとても厄介なものです。

【災害事例　高所からの墜落】

　例えば高所作業。手すりやネットなど、墜落防護措置がない不安全な状態の現場は安全帯を使用しなければなりませんが、ベテラン作業員は「安全帯を使わなくても平気さ」と、それを使用せずに作業していたところ、右手に持っていた工具が落ちました。その瞬間、作業員は、工具を落とすまいと、とっさに右手を伸ばし身を乗り出し、そのまま墜落して亡くなってしまいました。信じられない墜落災害です。工具なんか後で拾いにいけばよいではありませんか。しかしダメなのです。人間はときに自らの命よりも工具を大切にしてしまうのです。

【災害事例　タラップからの墜落】

　タラップでも場面行動による死亡災害が発生しています。上述の墜落災害と似ています。作業員がタラップを昇っていたところ、腰にぶらさげた道具袋の中から工具が落ちました。その瞬間、作業員は、とっさに右手を下に伸ばし工具をつかもうとし、それに集中するあまり、タラップを握っていた左手を離し墜落してしまいました（死亡）。

【災害事例　脚立からの墜落】

　脚立上の作業は死亡災害が多発しています。死亡災害事例を見ると、

墜落高さは 0.9m、1.5m など、2m 未満の高所ではないものがあまりに数多く見受けられます。ここでも場面行動による死亡災害が起きています。例えば内装工事。脚立上での天井ボード張り。作業員は、頭上で、両手でボードを持ち上げているとき、バランスを崩し後ろ向きに倒れかけました。その瞬間、手からボードを離し受け身の姿勢をとれば、墜落しても死亡することはまずありません。しかし一瞬、ボードを持ったまま、ボードを落とすまいとする体勢をとり、後頭部から墜落してしまいました。

【災害事例　つり荷に接触】

　クレーンによる荷上げ作業では、地切り（つり荷が地上から離れること）をしっかり確実に行うという安全の基本ルールがあります。建設現場では「3・3・3運動」が推奨されています。これは、地切りはつり荷を 30cm 上げたところで 3 秒静止させ、3m 離れたところから荷の安定を確認するというものです。この 3m の離れが場面行動対策です。地切りの際、つり荷のすぐ近くにいると、つり荷が傾いた瞬間、逃げずに、とっさにつり荷を抑えにいこうとします。目の前の不安定なものは、自らの力で安定させようと本能的に行動してしまいます。このため、とっさに抑えにいくことができないところまで離れることが必要になります。

「3mの離れ」が場面行動対策

【災害事例　小売店舗での包丁の洗浄】

　小売業・飲食店でも場面行動による労働災害が発生しています。総合スーパーのバックルームの鮮魚室や居酒屋の厨房などで、店員が包丁を洗っていたところ、泡にまみれた包丁が手からすべり落ち、とっ

さに落とすまいと包丁をつかみにいき、刃の部分をぎゅっと握って切創する災害が起こっています。

【災害事例　ベルトコンベアのはさまれ・巻き込まれ】

　砕石業では、ベルトコンベアによる死亡災害が後を絶ちません。ベルトを動かすローラー状のプーリー（駆動部）に泥などがつくと、それがベルトの蛇行の原因となります。ベルトが蛇行すると砕石が運べず出来高が上がらなくなるため、多くの現場では、プーリーに泥などがついたときは、一旦、ベルトコンベアを停止させ、そこを清掃するようマニュアルなどに定められています。しかし、ベルトコンベアを停止させれば砕石が運べなくなるため、現場は、よかれとこう考えてしまうことがあります。「ベルトコンベアを動かしたままでも、スコップやハンマーを使って清掃すれば、万が一、それらがベルトに巻き込まれても、その瞬間に手を離せば自分は大丈夫だ」。しかし実際に、ハンマーやスコップがベルトに巻き込まれたとき、そこから手が離せずベルトコンベアに巻き込まれることがあります。握っていたスコップが引っ張られた瞬間、人間は手を緩めるどころか、逆に「何するんだ」と、とっさに手に力を入れてしまい、その結果、ときに手を離せずスコップとともにベルトコンベアに巻き込まれてしまいます。

　砕石業ではベルトコンベアによる信じられない死亡災害が発生しています。作業員の身長より高い位置にあるプーリーに泥などがつき、ベルトコンベアを動かしたまま、下からスコップを上に伸ばしそれを除去していたところ、スコップがベルトに巻き込まれ、作業員はスコップを握ったままジャンプするようにベルトに巻き込まれてしまいました。

【ヒヤリハット事例　自宅浴室にて】

　被災したわけではありませんが、私自身も場面行動の体験があります。とても痛い目にあいました。五十肩で左手がまったくあがらないとき、右手にシャワーを持ち浴室を掃除していました。シャワーからの水が、立てかけていた風呂のふたに勢いよくあたり、ふたが倒れそ

うになった瞬間、とっさにふたをつかもうと、痛みであがらないはず
の左手をあげてしまい、あまりに激しい痛みに襲われました。

　人間は、本能的にとっさに行動してしまい、ときに、自らの命をか
えりみない行動を平気で起こし、命を落としています。
　昔、「事故と弁当は手前持ちだ」と、自分の弁当は自分で用意する
ように、自分の身は自分で守らなければいけないといわれていました
が、本能のおもむくままの行動がある限り、それは間違いです。守る
ことはできません。
　人間は、いつでもどこでも場面行動することが理解できれば、高所
作業で安全帯を使用しない、はしごやタラップ昇降時に安全ブロック
を使用しない、脚立上で無理な体勢をとる、稼働中のベルトコンベア
を掃除するなどは、怖くてできないはずです。そう思いますよね。

設備面の対策が必須

　場面行動対策には、たとえとっさに行動したとしても災害につなが
らない対策が求められます。それは安全設備面の対策です。工具をつ
かもうと身を乗り出しても、あるいは身を乗り出そうとしても、そこ
にネットや手すりがあれば、墜落から身を守ってくれます。
　そして次に、作業員への安全教育です。本能のおもむくままの行動
はいつでもどこでも起こり得ること、人はときに自らの命よりも工具
を大切にしてしまうことを災害事例などを用いて教え、「自分だけは
大丈夫だ」という安易な気持ちにさせないことが必要です。

14. その 8. パニック

あわてると脳が正常に働かない

パニック（panic）は、突発的な不安、恐怖、ストレスなどによる混乱した状態、または行動とされ、非常に驚きあわて、脳は正常に働かず、普段なら簡単にできることができずエラーを犯しやすく、ときに信じられない行動をすることがあります。

その行動例には、料理でフライを揚げているとき、鍋の中に火が上がった瞬間、かけてはいけない水をかけてしまうことがあげられています。水をかけると油は逆に燃え広がることを知っていても、パニックになると、「火には水」と反射的な行動をとってしまうことがあります。

車の運転でも、運転手がパニックになることがあります。それは、自分の想定していないことが起こるときです。例えば、道を間違えパニックになると、自分がどこにいるのかどこに進めばよいか、まったくわからなくなってしまう。特に夜は辺りが暗く、パニックになりやすいとされています。また、後ろの車に煽られるとパニックになることがあります。ただ、後ろの車が煽っているわけではないのに、勝手に煽られていると思い込みパニックになることもあります。

【災害事例　車掌の飛び降り】

パニックで思い出されるのが、平成 28 年 9 月、近鉄奈良線東花園駅で、20 代の車掌が、人身事故による列車遅延のため、ホームで乗客への対応中、突然、制帽と制服上着を脱ぎ捨て線路に飛び降り、さらに約 7.5m 下の地面に飛び降りた事故です。車掌はパニックになったといわれています。

現場でもパニックによる死亡災害が発生しています。

【災害事例　坂道でのトラック逸走】

　車を坂道に停車し、エンジンを切って車から降りた運転手が振り返ると、停めたはずの車が動き出し逸走している。それを見た瞬間、あわてて止めようとし、自らがひかれてしまう死亡災害が現場で多発しています。ほとんどが 2t、4t、どこにでもあるトラックです。

　逸走したトラックを見つけた運転手は、「大変だ！」とパニックになり、なりふりかまわずトラックを止めようとし、最後は身を挺して止めようとして巻き込まれてしまいます。

　残された家族はこう疑問に思うでしょう。「どうして自分の車にひかれたの？」しかし、人はパニックになると、信じられない行動に出てしまうことがあるのです。

坂道に停めたトラックが動き始めてパニックになり、
止まるはずがないトラックを止めようとしてしまう

【災害事例　潜水士のおぼれ】

　潜水士のおぼれによる死亡災害も少なくありません。私は、建設会社に入社した昭和 58 年、最初の配属が本州四国連絡橋工事の現場でした。現在ある 3 本の真ん中の橋、いわゆる瀬戸大橋。瀬戸内海に浮かぶ与島での高架橋工事の現場でした。

　当時、他の現場で、潜水士のおぼれによる死亡災害が発生していま

した。瀬戸内海は潮の流れが激しく、潜水作業は危険な作業とされていました。激流の中での潜水は、どの方向に海面があるのかわからなくなることがあり、わからなくなるとときにパニックに陥り、冷静な判断や行動ができずおぼれてしまうといわれていました。

対策は"想定外"を作らない

　パニック対策としては"想定外"をつくらないことです。突然、想定外のことが起きると、パニックになりやすいからです。

　想定外をなくすため、作業前に、その作業にはどのようなリスクがあるのか、できる限り洗い出す。まさにリスクアセスメントです。坂道に車を停めるときには、サイドブレーキの利きがよくない場合があることを想定する。そうすると、サイドブレーキの利きがよくなくても逸走しない対策として、車止め（輪止め）がでてきます。

　一方、潜水作業では、潜水士が、どの方向が海面かわからない状態に陥るおそれがあることを想定する。そうすると、1人での潜水は避け2人以上で組を作り、自分がパニックになりそうになっても、いっしょに潜水した仲間が冷静さを失っていなければ、自らも冷静さを取り戻すことができる。また、できる限り冷静さを保てるように、常に自らの状況が客観視できるような水中時計や水深計の携行などが対策にでてきます。

【コラム 8】 新年を迎え気持ちを一新する

　新年を迎えると、1年間の無事故、無災害を祈念する方は多いことでしょう。

　家族や仲間の笑顔があふれるときは、この上ない幸せが訪れます。無事故、無災害は、もちろん笑顔につながります。

　では、どのような現場が、無事故、無災害につながりやすいと思いますか。以前、このことを現場の安全担当者十数名に尋ねたことがあります。

　ほとんどの方は、その一つに、職場のよい雰囲気づくり、現場の仲間の良好な人間関係をあげました。作業する人達が仲間意識を持ち、生き生きと働くことができる現場であれば、そこで決められたルールを進んで守っていくようになると語っていました。

　幸多き年とするには労働災害の防止は欠かせません。新年を迎え、職場のよい雰囲気づくりの大切さをかみしめます。

15. その9. 錯覚、思い込み

　錯覚にはいくつかのタイプがあります。見間違い、聞き間違い、人違いなど、五感による間違いを外的原因の錯覚といいます。対象物への注意が不十分により起こるため不注意性錯覚といわれています。他方、五感から入る情報を脳でまとめる際の間違いを内的原因の錯覚といい、思い込み、ど忘れなど脳の機能ミスも含まれます。

見間違い、聞き間違い、思い込み

　例えば、合図の見間違いでつり荷にはさまれたり、指示の聞き間違いで安全に作業を進められなかったり、あるはずはないと思い込んでいた開口部から墜落したり、停電と思い込み通電中の電線に触れて感電したりするような労働災害があげられます。このような錯覚による死亡災害は数多く発生しています。

さまざまな錯覚

　錯覚にはその他にも、1人で夜道をおそるおそる歩いていると物の影が人影に見えたりする錯覚（感動錯覚）、魚の顔が人の顔に見えたり雲の形が動物に見えたりする錯覚（パレイドリア）、同じ長さの線でもその周りの模様などにより長さが異なって見えるような錯覚（生理的錯覚）などがありますが、労働災害に関わりが深いものは一部特別な作業を除けば、上で示した見間違い、聞き間違い、思い込みなどの錯覚によるものです。

錯覚を災害につなげない対策

　錯覚対策を一言でいえば、たとえ、見間違い、聞き間違い、思い込

みをしたとしても、災害につながらないように対策をとることです。

　合図など互いにコミュニケーションをとる場合は、常に合図を理解したことの確認を互いにとりながら作業を進める。互いの確認をとり続ければ、2人同時に間違えることはほとんどなく、安全が確保できます。指示の聞き間違い対策としては、重篤な災害につながりやすい作業などでは、本当に指示が正しく伝わっているかどうか実際の作業を見て確認することが重要です。また、思い込み対策としては、感電災害防止では、作業手順として「作業は必ず停電で行う」「さらに作業前、本当に停電かどうか検電して確かめる」を遵守するなど、二重三重の安全確保が効果的です。

【コラム9】メーデーは労働者の日

　5月1日はメーデー、労働者の日です。約40年前、建設会社に勤務時代、その日に労働組合の一員としてメーデーの会場に出かけたことが思い出されます。

　メーデーは、明治19年（1886年）5月1日、アメリカで8時間労働を要求したストライキが発端といわれています。

　1日の労働時間が12～14時間が当たり前だった時代に、「8時間は仕事のために、8時間は休息のために、そして残りの8時間は好きなことのために」をスローガンにした労働者の権利を勝ち取る運動でした。

　政府は「働き方改革」を掲げ、過労死対策が推進されるなど、今でも"労働時間"は職場の健康と安全に直結する重要なテーマです。

16. その10. 高年齢者の心身機能低下

心身機能の低下は確実に忍び寄る

　わが国の65歳以上の人口は、全人口の約3割となっています。今後も増加が見込まれ、令和47年（2065年）には4割近くに及ぶと推計されています。高年齢者の増加に伴い、働く高年齢者も増加します。さらに、いつまでも働きたいと思う高年齢者は年々増えており、このことが働く高年齢者の増加に拍車をかけています。

　働く高年齢者の増加に伴い高年齢者の労働災害も増加しています。その特徴は、簡単な作業での被災が目立ち、重篤になるケースが数多く見受けられます。

　高年齢になると心身機能の低下は避けられません。心身機能の低下が高年齢者の安全確保に及ぼす影響、増え続ける高年齢者という社会現象、この2つの面から、今、高年齢者の安全対策が注目されているのです。

　長年の実務経験に基づき、熟練した技能をもち、現場のあらゆる問題を解決する力、いわゆる「現場力」に優れた高年齢者。彼らが、その素晴らしい能力を今後も十分に発揮できるよう、快適に安心して働けるための安全対策を講じることが重要です。

働く高年齢者が年々増加している

高年齢者の労働災害の特徴

　加齢に伴う心身機能の低下などにより高年齢者の労働災害が多発しています。以下に、その特徴を見ていきましょう。

○労働災害発生率が高い

　高年齢者の労働災害発生率（千人率：年間の労働者千人当たりの死傷災害発生数）を見ると（平成 30 年）、60 代後半は、労働災害発生率が最も低い 20 代後半と比べ、男性で 2.0 倍、女性で 4.9 倍とかなり高くなっています（図）。

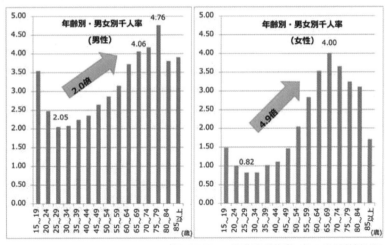

※便宜上 15 〜 19 歳の死傷者数には 14 歳以下を含めた
労働者死傷病報告（平成 30 年）、労働直調査（基本集計・年次・2018 年）

○男性は墜落災害、女性は転倒災害が多い

　災害の種類別（事故の型別）に高年齢者の労働災害発生率（千人率）を見ると、墜落・転落災害では、男性70代後半は同20代後半と比べ約4倍も高く、転倒災害では、女性60代後半は同20代後半と比べ約15倍と著しく高くなっています（図）。

　高年齢の女性の転倒災害が多い理由としては、女性は閉経すると骨密度が低下し、ちょっとした転倒でも骨折しやすくなることがあげられます。

　男性の墜落災害は建設業に多い一方、女性の転倒災害はスーパーマーケット等小売業に多く、業種特性に応じた職場づくりが必要です。

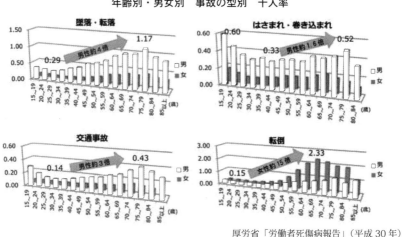

年齢別・男女別　事故の型別　千人率

厚労省「労働者死傷病報告」（平成30年）

○再就職まもない被災が目立つ

　雇用期間1年未満と1年以上の労働災害発生率を年齢階層別に見ると、いずれの年齢階層も雇用1年未満が高いですが、特に50歳以上が高くなっています（図）。この原因には、再就職先で、新しい作業に慣れていない、高年齢者に適した安全教育が行われていないなどが考えられます。

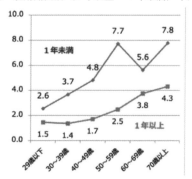

年齢別・雇用期間別（1年以上・1年未満）千人率

1年未満

1年以上

厚労省「労働者死傷病報告」（平成30年）
「就業構造基本調査」（平成29年）

〇休業日数が長い

　被災による休業見込日数が1か月以上（図）を見ると、20〜29歳は約40％に留まる一方、70歳以上は70％近くを占め、年齢が高くなるにつれ休業見込日数は長くなっています。軽作業でも重篤な災害につながるなど、高年齢者の労働災害は重篤化する傾向にあります。

年齢別・休業見込み期間別　割合

70歳以上
60〜69歳
50〜59歳
40〜49歳
30〜39歳
20〜29歳
19歳以下

0%　　20%　　40%　　60%　　80%　　100%

🔲1週間未満　🔲1週間以上　🔲2週間以上　🔲1か月以上　🔲2か月以上
🔲3か月以上　🔲6か月以上　■1年以上

労働者死傷病報告（平成30年）休業4日以上
※休業見込日数の記入のあるもの（n=126,429）のみ集計

○業務上疾病では、腰痛が多い

業務上疾病で最も多いのが腰痛です。腰痛は、60代、70代がかなり多くなっています（図）。

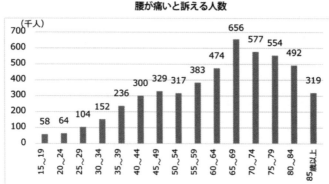

腰が痛いと訴える人数

出典：平成28年国民生活基礎調査
※熊本県を除いたもの
※上記の人数には、入院者は含まない

○熱中症災害は男性の高年齢者に多い

熱中症災害の労働災害発生率を年齢階層別に見ると、高年齢の男性の発生率が高くなっています（図）。高年齢者は「暑さを感じにくい」「のどの渇きを訴えにくい」「補給する水分の量が少ない」などの課題が指摘されています。

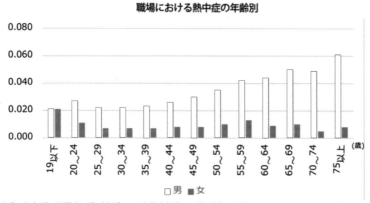

職場における熱中症の年齢別

（データ出所）労働者死傷病報告、死亡災害報告及び都道府県労働局からの報告による平成30年中に発生した災害で、休業4日以上及び死亡のもの、労働力調査（2018年）

○脳・心臓疾患による労災認定事案が少なくない

　脳・心臓疾患における労災認定事案の約9割は40歳以上が占めています。責任ある立場に就くことが多い50代が最も多いですが、60代でも30代よりかなり多くなっています。ここでも、高年齢者の働き方を改善する取組が求められています。

加齢に伴う心身機能の低下とは

　加齢に伴い低下する心身機能には様々なものがあります（図）。

20歳〜24歳（ないし最高期）を基準として見た
55歳〜59歳年齢者の各機能水準の相対関係（％）

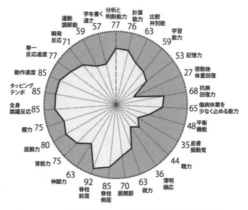

出所：斉藤一、遠藤幸男：高齢者の労働能力
（労働科学叢書53）労働科学研究所 1980

その特徴として、例えば、「生理的機能（特に平衡機能、感覚機能）は早い時期から低下が始まる」「筋力の低下は脚から始まり身体の上方へ向かい手の指先へと進む」などが指摘されています。

　高年齢者が心身機能の低下を自覚することは容易ではなく、このため、自分のピーク時の状態をイメージしたまま無理をし、その結果、負傷してしまうことがあります。

　ただ一方で、「経験と技能の蓄積は熟練を構成し高度で複合的な作業能力を生む」など、高年齢者の優れた点も忘れてはいけません。

　高年齢者の心身機能低下について、現場の安全に関わりの深いものを以下に示します。

○バランス感覚（心身平衡機能、姿勢のバランス保持）

　バランス感覚は20代をピークにその後は急激に低下します。

　現場で働く高年齢者からは、「脚立や足場板での作業でふらつく」、「屋根上でバランスがとれない」等の声があげられています。

○とっさの動き（反応動作、その正確さと早さ）

　危険回避にはとっさの俊敏な動きが必要です。全身敏捷性は10代後半でピークをむかえ、その後は急激に低下していきます。

　職場の高年齢者の声としては、「落下物、転倒物から逃げられない」、「段差につまずき転倒する」等があります。

○視力

　目の働きは視力低下の他、近くから遠くへ（またはその逆）目のピントを調整する力（遠近調整力）の低下、暗い場所での視力（低照度下視力）の著しい低下、明るい場所から急に暗い場所（またはその逆）に移ることによる視力の著しい低下（明暗順応）等があります。

　このため、高年齢者からは、「視野が狭く頭をぶつける」、「足場を

踏み外し転落しそうになる」等の声があげられています。

○筋力

・握力（工具や重量物の把持力）

握力は、男性では 20 ～ 30 歳でピークを迎えますが、手はよく使うため、それ以降はゆるやかに低下していきます。

高年齢者からは「長時間、工具が持てない」、「ドライバーが回せない」、「ハンマーがすっぽ抜ける」等の声があげられています。

・背筋力（重量物の支えや運搬）

背筋力は、男性では 20 歳代後半から 30 歳代前半でピークをむかえ、以後は急激に低下していきます。

高年齢者の声として、「重量物が運べない」、「天井を見上げての作業がつらい」等があげられています。

・脚筋力（歩行や立姿勢の維持）

脚筋力とは両脚で踏ん張る力のことです。脚筋力は 20 歳以降から急激に低下します。

高年齢者の声として、「思った以上に足が上がらずつまずいて転ぶ」、「脚立の昇り降りがつらいときがある」等があげられています。

○柔軟性

現場では狭いところなどで無理な姿勢で作業することが少なくありません。一般的に身体柔軟性は立位体前屈テストで測ります。

高年齢者の声として、「狭い所で仕事をして腰を痛める」、「長時間、同じ姿勢で作業がしづらい」等があげられています。

○聴力

耳の働きも加齢とともに低下します。特に、会話中、他の音が入った場合の聞き取りが非常に悪くなります。

高年齢者からは、「道具の異常音に気づかず危険」、「車両の接近に気づくのに遅れる」等の声があげられています。

○疲労回復力

加齢に伴い徹夜明けの体力回復力は著しく低下します。疲れにより脳の働きも低下し、安全活動に悪影響をもたらします。

高年齢者の声としては、「疲れが取れず動きが鈍くなる」、「休憩時間が増える」等があげられています。

○記憶力

年齢を重ねると記憶力が低下します。記憶力の中でも、長い年月をかけて蓄積した記憶はあまり低下しませんが、短期の記憶は加齢に伴い急激に低下します。

高年齢者からは「朝礼での指示をすぐ忘れてしまう」等の声があげられています。

高年齢者の心身機能低下は個人差が大きい

以上、加齢に伴い低下する様々な心身機能を具体的に見てきましたが、その他、加齢に伴う心身機能の低下は個人差が大きい点も忘れてはいけません。

例えば、65歳の人の生理的年齢（心身機能の保持力を年齢で表したもの）の個人差は16年にも及びます（図）。この個人差は、年齢が増すにつれさらに拡大します。

多くの現場では、「あの人はもう60歳だから高所での作業は控えてもらおう」と実年齢で作業員の配置が定められていますが、実際には、実年齢65歳の方でも生理的年齢は50代の若々しい人がいます。逆に、実年齢55歳の方でも、生理的年齢はすでに60歳オーバーの衰えが目立つ人もいます。この点を十分に考慮し、特に、生理的年齢が若い

人を積極的に活用することが望まれます。

加齢による暦年齢と生理的年齢の個人差の拡大

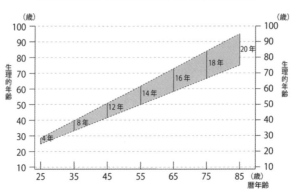

出所：斉藤一、遠藤幸男：高齢者の労働能力
（労働科学叢書 53）労働科学研究所 1980 から作成

高年齢者は長年の実務経験で培った "現場力" を有す

　加齢に伴う様々な心身機能の低下を見ていくと、職場に高年齢者は
必要ではないのではと思う方もでてくると思います。しかし、それは
全くの間違いです。

　たとえば、高年齢者の長年の実務経験による技能や知識の蓄積は熟
練を生み、より高度で複合的な作業能力を生み出します。また、あら
ゆる局面に遭遇しても臨機応変に対応し問題を解決する、こういった
力も高年齢者に備わっている力です。これらはまさに "現場力" です。
若者には真似のできない、高年齢者の強みなのです。

　今後も、高年齢者が持つ素晴らしい能力を上手く引き出し、活用し
なければなりません。誰もが高年齢者の活躍を期待しているはずです。

　その他、加齢に伴い仕事に対するやりがいや満足度は大きくなるこ
とも忘れてはいけない大切な点です。

高年齢者対策は、全作業員の快適な職場整備につながる

　加齢に伴う心身機能の低下を踏まえ、高年齢者の安全対策をどのように考えていけばよいのでしょうか。

　対策としては、低所であっても墜落防護措置を講じたり、ハシゴには手すりを設置し滑落を防止したりすることなどがあげられます。また、作業通路にはつまずくものを決して置かないことや、滑らず転倒しにくい安全靴を履かせることなどもあげられます。

　しかし、これらは何も高年齢者だけに限った対策ではなく、全ての労働者にあてはまる安全対策、ヒューマンエラー対策であることがわかると思います。

　すなわち、高年齢者の安全対策とは、そこで働く全ての人が快適に働くことができるような作業環境、職場環境を整備することに尽きます。しっかりとした安全設備の設置が肝心です。

つまずくものがない作業通路を確保する。
安全靴は滑りにくい「F」マークのあるものを使用
※滑りにくいマットも敷設

高年齢者の安全対策

　高年齢者の安全対策として、①高年齢者に配慮した職場改善チェック、②本人の自覚を促す体力チェックを紹介します。

○高年齢者に配慮した職場改善チェックリスト

　下表は厚生労働省が公表した「高年齢者に配慮した作業負担管理状況チェックリスト」（http://www.mhlw.go.jp/new-info/kobetu/roudou/gyousei/anzen/dl/0903-1a.pdf）です。

　このようなチェックリストを用いて、高年齢者が安全・健康に働くことができるよう職場改善に取り組みます。

　このチェックリストでは、各チェック項目の点数が1～3の場合、右欄にある「高年齢者に配慮した職場改善事項」を参考に職場の改善対策に取り組みます。

高年齢労働者に配慮した作業負担管理状況チェックリスト（一部抜粋）

A：就労条件への配慮

チェック項目	評価のポイント	できていない	1/3以上	半分以上	2/3以上	ほぼできている	わからない	自職場該当なし	高年齢労働者に配慮した職場改善事項
1 あらかじめ作業標準などで作業内容を具体的に指示し、作業者本人が事前に作業を計画できる	どんな作業をするのか、あらかじめ具体的にわかりやすく示し、作業にかかる前に自分で計画を立てて仕事に取りかかれるようにしていますか。	1	2	3	4	5			①反応型の作業ではなく、事前に計画がたてられる作業とする。②作業内容を明確にし、できる限り具体的に指示する。
2 適度な休憩時間を置いている	疲労感は、行っている作業だけではなく、休憩の間隔や長さによっても大きく変わります。適度な休憩を取れるようにしていますか。	1	2	3	4	5			○注意の集中が必要な作業の継続時間はより短時間とする。
3 作業から離れて休憩できるスペースを設けている	疲労感の軽減のために、作業を離れて快適に休憩できる十分な広さのスペースがありますか。	1	2	3	4	5			○作業から離れて休憩できるスペースを設ける。
4 夜勤（22時から5時の勤務）はなくしているか、やむを得ず夜勤をさせる場合には夜勤形態や休日に配慮している	加齢とともに、昼から夜、あるいは夜から昼といった勤務シフトの変更に体を慣らしていくことが難しくなります。夜勤について十分配慮をしていますか。	1	2	3	4	5			○交代勤務の場合は夜勤から次のシフトに変わる間の休日を長めに取る。
5 半日休暇、早退制度などの自由度の高い就業制度を実施している	加齢とともに、高血圧や高脂血症など、何らかの疾患を持つ人が増え、定期的に病院に行くことも多くなります。このための時間を取りやすくしていますか。	1	2	3	4	5			○半日休暇、早退などの自由度の高い休暇制度を実施する。

B：作業者への配慮

チェック項目	評価のポイント	できていない	1/3以上	半分以上	2/3以上	ほぼできている	わからない	自職場該当なし	高年齢労働者に配慮した職場改善事項
1 年齢・個人差を配慮して仕事の内容・強度・時間等を調整している	筋力や運動能力は年齢に従って低下し、個人差も大きくなります。年齢だけでなく、個人の特徴を把握して作業内容や作業時間などの調整を行っていますか。	1	2	3	4	5			①配置に当たっては経験を配慮する。②反応型の作業ではなく、事前に計画がたてられる作業にする。
2 職場配置に当たっては、本人の意向を反映させている	高齢という理由で職場内適性を判断することなく、本人の意向、経験などをふまえて職場配置を行っていますか。	1	2	3	4	5			○本人の意向、経験等を聞き、それに基づいて職務適性を判断する。
3 作業者本人が仕事の量や達成度を確認するようにしている	高年齢者は若年者に比べて、仕事の量や内容の急な変更に適応しにくいことが知られています。作業の進み具合等が確認できるようにしていますか。	1	2	3	4	5			○高年齢労働者が自分たちのペースで作業できるように設計する。
4 作業者からのヒアリングの機会を積極的に設けている	仕事の内容や権限を把握しておくとともに、年長者としての立場を尊重し、不公平感、不安感を避けるために、ヒアリングの機会を設けていますか。	1	2	3	4	5			○明確と責任を明確化し、技能評価結果を明示する。

C：作業負荷低減への配慮										
チェック項目	評価のポイント	できていない	1/3以上	半分以上	2/3以上	ほぼできている	わからない	該当事項なし	高年齢労働者に配慮した職場改善事項
1 素早い判断や行動を要する作業がないようにしている	認知能力も年齢が高くなるほど大きくなります。反応が低下してきた高年齢者については、素早い判断・行動を要する作業をなくしたり、適性を考慮して就かせるように配慮をしています。	1	2	3	4	5			①素早い判断を必要とする作業をなくす。②作業に一呼吸おくことができない速い作業をなくす。③速い動作を伴う作業は極力避ける。
2 作業者が自主的に作業のペースや量をコントロールできるようにしている	高年齢労働者は若年者に比べ、時間に追われるような仕事には慣れにくく、またミスもしやすいことが知られています。作業者が自主的に作業負荷をコントロールできるようにしています。	1	2	3	4	5			○できる限り作業者が自主的に作業ペースをコントロールできるようにする。
3 強い筋力を要する作業や長時間筋力を要する作業を減らしている。あるいは、補助具を用いるなどの配慮をする	個人差はありますが、高年齢労働者は筋力が低下しています。作業内容を変える、補助具を用いるなどの配慮をしています。	1	2	3	4	5			○強い筋力を要する作業は極力減らすか避ける。
4 高度の注意集中が必要な作業は一連続作業時間や作業後の休息時間を配慮する	監視作業や製品検査など高度の集中が必要な作業については、たとえば、一連続作業時間が長くならないようにローテーションによって作業を分割するなどの配慮をしていますか。	1	2	3	4	5			○注意の集中が必要な作業は、長くならないよう配慮する。

○「本人の自覚を促す体力チェック」実施事例

体力チェックには「閉眼片足立ちテスト」、「ジャンプステップテスト」などがあります。

以下に、これら2つの体力チェックの実施方法を紹介します。

体力チェック（例）

1. はじめに

実施にあたっては体調に異常のないことを確認します。心臓疾患や高血圧の所見を有する者は、ジャンプステップテストを控えます。測定は必要以上に頑張りすぎないよう注意させます。

実施にあたっては、a.服装は運動のできる軽装、靴は運動靴等とする、b.事前に屈伸運動等準備運動を行う、c.連続して測定しないようにする等の点に留意します。

2. 体力チェックの方法

a. 閉眼片足立ちテスト（バランス感覚、平衡機能の測定）

以下のイラストのように両手を腰にあて両目を閉じ片足をあげ、何秒立っていられるか測定します。

b. ジャンプステップテスト（とっさの動き、敏捷性の測定）

以下のとおり30cm角のマスの中央に立ち、両足をそろえたまま10秒間に中央を基点に前後左右にジャンプした回数（着地で

105

1回）を測定します。

閉眼片足立ちテスト

ジャンプステップテスト

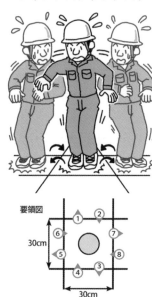

要領図

年代	目安
10代	40〜90秒
20代	80〜90秒
30代	55〜90秒
40代	40〜55秒
50代	25〜40秒
60代	18〜25秒 ← 65歳平均21秒

3. 体力チェックの判定（例）

判定（例）として、65歳より若い心身機能を有しているかどうかです。どちらかの結果が65歳平均を下回れば、特に就業制限のある高所作業や重量物取扱作業は控えます。ただ、夜間作業、長時間労働、単独作業等は、結果に関係なく控えます。

a. 閉眼片足立ちテスト判定基準

年代別標準時間は上の表のとおり。65歳平均が21秒であることから判定基準は21秒以上とします。

b. ジャンプステップテスト判定基準

公的な判定基準がないため、高年齢者の測定結果を集め65歳平均を求め、それを上回るものとします。

17. エイジフレンドリーガイドライン

　令和元年、安倍政権での骨太の方針（経済財政運営と改革の基本方針）2019では、高年齢者が安心して安全に働ける職場環境づくりや健康づくりが重要な政策課題に位置づけられ、これを受け厚生労働省は、令和2年3月、エイジフレンドリーガイドライン（高年齢労働者の安全と健康確保のためのガイドライン）を策定し、現在、各種施策が推進されています。

　「エイジフレンドリー」を直訳すると、「高年齢者の特性に応じた」となります。

本ガイドラインの構成

　エイジフレンドリーガイドラインの目次構成は以下のとおりです。
　エイジフレンドリーな職場をつくるため、事業者に求められる健康と安全の確保策を示すとともに、働く高年齢者にも事業者に協力することを求め、最後に、エイジフレンドリーな職場づくりのための支援制度を示しています。

エイジフレンドリーガイドラインの目次構成

第1　趣旨
第2　事業者に求められる事項
1. 安全衛生管理体制の確立等
2. 職場環境の改善
3. 高年齢労働者の健康や体力の状況の把握
4. 高年齢労働者の健康や体力の状況に応じた対応
5. 安全衛生教育
第3　労働者に求められる事項

　本ガイドラインのポイントは、第 2 の 3 、 4 にある高年齢労働者一人ひとりの健康や体力の状況を把握し、それに応じた対策を求めていることです。これは、今までにない新たな視点です。

　この背景には、P.101 で示したとおり、高年齢になるほど、心身機能の個人差が大きくなることがあげられます。大きな個人差があるため、事業者は高年齢労働者一人ひとりを見ていく必要があるのです。

事業者に求められる事項

　本ガイドラインで事業者に求められる事項は以下のとおりです。

1. 経営トップによる方針表明及び体制整備を行う

　事業者は、高年齢者の安全と健康を確保するため、最初に、方針表明と安全衛生管理体制を構築し、担当者を決めます。

2. 事業場に潜む危険な芽を見つけ、それを摘む

　安全衛生管理体制を構築したら、事業場に潜む高年齢者のリスクを洗い出し、リスク低減対策を講じます（リスクアセスメント）。

3. 心身機能の低下を補うハード対策を行う

　快適な職場環境を整備するため、心身機能の低下を補うハード対策を行います。

　ハード対策の具体例としては、

・高年齢者は暗い場所で視力が著しく低下するため（低照度下視力）、職場の照度を確保する

・バランス感覚が低下し、とっさにうまく動けない高年齢者は、階段から転落しやすく、段差にはつまずきやすいため、階段には滑り止

めを付け、床などの段差をなくす

・滑って転倒することを防止するため、滑りにくい床材（または床塗装）を採用する、耐滑性にすぐれた靴を着用する

・筋力の低下した高年齢者は重量物を抱えると腰痛になりやすいため、持ち上げ補助機器（パワーアシストスーツ等）を装着する

などがあげられます。

　このような心身機能の低下を補うハード対策のほとんどは、高年齢者のためだけではなく、そこで働くすべての人々にとっての安全な職場環境につながります。強調したい点です。

4. 心身機能の低下を補うソフト対策を行う

　快適な作業を行うためには、作業内容の見直しなどのソフト対策に力を入れます。

　ソフト対策の具体例は次のとおりです。

・勤務形態、勤務時間の工夫

　　個々人の体力や健康の状況を把握して、作業内容や作業時間などを調整します。短時間勤務、隔日勤務、交替制勤務等の導入を検討します。加齢とともに、昼から夜（あるいはその逆）への勤務シフトの変更に体を慣らすことが難しくなるため、夜勤には十分な配慮が必要となります。

・ゆとりのある作業スピード

　　高年齢者は、若年者に比べ時間に追われる仕事は不得手でミスもしやすくなります。自主的に作業負荷をコントロールできるように配慮します。

・無理のない作業姿勢

　　加齢により筋力、関節の動き、柔軟性などが低下するため、身体を曲げ伸ばす動作、ねじれ姿勢など不自然な作業姿勢を減らします。また、バランス感覚が低下し身体の安定がとりにくくなるため、長時間の立ち作業を減らします。

・注意力、集中力等を必要とする作業への配慮

　　加齢により注意力や判断力が低下するため、複数の作業を同時
進行させないようにします。また、とっさにうまく動けないため、
素早い判断や行動を要する作業を減らします。

・腰への負担軽減

　　筋力の低下から腰痛を防止するため、持ち上げ重量の制限（建
設現場の事例：20kg 制限）、腰痛になりにくい持ち上げ姿勢の教
育、職場での腰痛予防体操の実施等を行います。また、見た目以
上に重いものを急に持ち上げることは腰痛に直結するため、重量
（数値）の明示、色彩などで重さがわかるようにします。

5. 健康や体力の状況を把握する

　健康状況を把握するため、

・心身機能の維持、健康の保持・増進のため、運動、栄養、休養に関
するアドバイスを受けられる環境を整備する

・健康診断結果を通知し、その内容の理解促進に努める

・高血圧、糖尿病、高脂血症などの生活習慣病に関する知識や予防に
ついて指導・教育を行う

　また、一人ひとりの体力の状況を把握するため、体力チェックなど
を行います。

6. 健康や体力の状況を踏まえた対策をとる

　事業者は、高年齢者の健康や体力の状況を踏まえた対策を行います。

・個々の高年齢者の健康や体力の状況を踏まえた措置

　　高年齢者（心身機能の個人差が大きい）一人ひとりの健康や体
力の状況、脳・心臓疾患等の基礎疾患を踏まえ、労働時間の短縮、
深夜勤務の削減、作業配置転換等を行います。この場合、産業医
等の意見を聴くとともに、本人の同意を得ることが必要です。

・個々の高年齢者の状況に応じた業務の提供

　　個々の高年齢者の健康や体力の状況に応じ、以下の点を考慮し、
安全と健康の両面に適合する業務をマッチングさせます。
　　　　→業種特有の労働災害、労働時間、作業内容
　　　　→業種特性を踏まえた必要な心身機能（例　運輸業は運転適性）
　　　　→治療と仕事の両立
　　　　→ワークシェアリングの適用

・心身両面にわたる健康保持増進措置

　　事業者による健康保持増進対策には、健康測定とその結果に基
づく運動指導、メンタルヘルスケア、栄養指導、保健指導等があ
げられます。厚労省「事業場における労働者の健康保持増進のた
めの指針」を参考にします。

　　また、事業者は、厚労省「労働者の心の健康の保持増進のため
の指針（メンタルヘルス指針）」に基づき、衛生委員会等におけ
る調査・審議、心の健康づくり計画、4つのメンタルヘルスケア
の推進（1.セルフケア、2.ラインによるケア、3.事業場内産業
保健スタッフ等によるケア、4.事業場外資源によるケア）が求め
られます。

7. 高年齢者の特性を踏まえた安全衛生教育を行う

　　高年齢者は、他の年代と比べ、十分な教育効果が見込めないといわ
れています[1][2]。
　　このため、以下のとおり、高年齢者向けの特別な安全教育が必要に
なります。
・十分な時間をかけ、写真や図、映像等を活用する
・未経験業務に従事する場合、丁寧に教育訓練を行う
・心身機能の低下が労働災害につながることを自覚させる

- 自らの心身機能の低下を客観的に認識させる
- わずかな段差等、周りの環境に常に注意を払わせるようにする

1) 髙橋明子，髙木元也，三品誠，島崎敢，石田敏郎：建設作業者向け安全教材の開発と教育訓練効果の検証，人間工学，Vol.49，No.6，pp.262-270，2013.
2) 髙木元也：中小建設業における安全教育の実態と課題ー管工事業対象のアンケート調査の分析ー，土木学会論文集 F4（建設マネジメント）Vol.72，No.4，pp.I_11～I_22，2016.

働く高年齢者に求められる事項

　本ガイドラインで、働く高年齢者自らに求められていることは以下のとおりです。
- 自らの心身機能や健康状況を客観的に把握し、健康や体力の維持管理に努める
- 定期健康診断等を受診する
- 体力チェックに積極的に参加する
- ストレッチ、軽いスクワット運動により基礎体力の維持に努め、生活習慣を改善する
- ラジオ体操、転倒予防体操等の職場体操に参加する
- 適正体重の維持、栄養バランスの良い食事をとる等、食習慣や食行動を改善する
- ヘルスリテラシー（健康・医療情報を理解・活用するための能力）の向上に努める

本ガイドラインを実践する企業はほとんどない

　ここまで、加齢に伴う心身機能の低下、高年齢者の労働災害発生率の高さなど、エイジフレンドリーガイドライン策定の背景を示すとともに、エイジフレンドリーガイドラインのポイントを見てきました。
　特に、高年齢者一人ひとりの健康や体力の状況を把握し、それに応じた対策を行うことが重要です。ただ、現状このような取組みを行っ

ている企業はほとんど見受けられず、このことは今後の課題といえます。

　また、心身機能の低下を補うハード対策、ソフト対策のほとんどは、高年齢者のためだけではなく、そこで働くすべての人々にとって安全な職場環境につながります。このことを十分に理解し、職場全体で対策を進めることが求められます。

高年齢者がいきいきと働く社会を目指して

　人生 100 年時代を迎え、高年齢者がいつまでもいきいきと元気で健康に働くため、職場環境改善、作業内容の見直し、職場体操、体力チェックなどを積極的に進める必要があります。

　それは、わが国の深刻な人手不足問題の解消につながるとともに、高年齢者がいきいきと働く姿が街じゅうにあふれることは、わが国に大きな活力をもたらすことでしょう。

18. シルバー人材センターの安全問題

　ここでは、高年齢者の働く集団である"シルバー人材センター"を取り上げます。

　ある都道府県のシルバー人材センターで発生した人身事故の発生状況について、平成 17 年度と平成 26 年度を比べると、人身事故は実に 10％も増加しています。この 10 年間、危険な産業といわれている建設業では、死傷災害が 22,869 人（平成 17 年）から 17,184 人（平成 26 年）と 25％も減少しており、この 10％増加は極めて憂慮すべき事態です。

　企業の定年延長に伴い、そこで働く人々はより高年齢化しています。平成 26 年度の人身事故は、70 代が全体の約 6 割、80 歳以上も 1 割超と、70 歳以上が 7 割超も占めています。

屋内清掃、植木・造園、建物管理などで事故多発

　シルバー人材センターには様々な作業があります。どのような作業で人身事故が多いのか。平成 26 年データを基に作業別に上位のものを見ていきます。

　最も人身事故が多かったのが屋内清掃作業です。事務所、マンション、店舗、工場等での清掃作業です。そこでは、階段からの墜落、つまずき転倒、すべって転倒、無理な動きによる腰痛などが数多く見受けられます。モップがけ作業での事故が目立ちます。

　次いで多いのは、植木・造園作業です。剪定作業等で、脚立等の上、あるいは枝の上から墜落、はしご昇降時の墜落、チェーンソー取扱時の切れ・こすれ等が多発しています。また、ハチ等の虫刺されも少なくありません。

　3 番目は建物管理関連作業です。その多くが学校の管理です。つま

ずいたり、ひっかかったりしての転倒が多発しています。次が、公園、道路、団地敷地内等での屋外清掃作業です。すべって転倒、段差等につまずき転倒、ハチ等の虫刺されが目立ちます。その次が駐輪場等管理関連作業です。駐輪用ラックに起因する事故（頭をぶつけるなど）、自転車の倒れが数多く見受けられます。6番目は除草作業です。ハチ、ブユ等に刺されが最も多いですが、すべって転倒・転落、熱中症も少なくありません。夏場の草むらは、湿度が高くなりやすく、このことが熱中症を引き起こす要因の一つに考えられます。7位の広報関連サービスは広報誌配布等の作業で、自転車事故、階段・縁石につまずき転倒・転落、犬にかまれる事故等が多発しています。8位の家事援助サービスでは、炊事、洗濯、掃除等の様々な援助作業で、転倒、墜落、切れ・こすれ等が発生しており、9位の各種安全指導サービスでは、子どもの見守り、登下校時の児童誘導、地域パトロール等での事故が多く、自転車事故が約半数を占めています。

作業別に見た人身事故ランキング

1位	屋内清掃作業
2位	植木・造園作業
3位	建物管理関連作業
4位	屋外清掃作業
5位	駐輪場等管理関連作業
6位	除草作業
7位	広報関連サービス
8位	家事援助サービス
9位	各種安全指導サービス

事故発生率は極端に高い

　これら上位の人身事故を見ると、事故原因には、バランス感覚の低下、とっさにうまく動けない、視力の低下、疲労のしやすさ等、加齢に伴う心身機能の低下が影響しているものがあると考えられますが、特筆すべきは、事故発生率の高さです。地区ごとの度数率を見ると、

多くの地区が 10 以上のふた桁、30 を超える地区もありました。全産業の度数率（事業所規模 100 人以上）は、平成 18 年〜令和 2 年、1.58 〜 1.95 で推移していますので、いかに事故発生率が高いかがわかります。高年齢者は、転倒しやすい、墜落しやすいといえるわけではないものの、一旦、転倒、墜落すると被災しやすく、この度数率の高さは、まさにそれを物語っています。

死亡災害も発生しています。植木剪定作業での墜落災害、交通事故等です。

剪定作業の死亡災害は次のとおりです。高所作業にも関わらず安全帯を装着せず、はしごを用いて立木に登り、枝に足をかけたところ、身体の重みでその枝が折れ、墜落したものです。安全帯を装着しない 70 歳超の高年齢者が立木に登り墜落し死亡した。

皆さんは再発防止対策をどのように考えますか。2 重の安全帯の装着ですか。そもそもそのような高所で 70 歳超の高年齢者に作業をさせないことですか。

請負契約では安全確保が難しく

別の問題もあります。それは、シルバー人材センターで働く高年齢者は、個々人が請負契約で仕事をするため、いわゆる一人親方になってしまうことです。請負契約では自分の安全は自分で守ることが基本です。発注側の指導力は限られ、十分な安全教育を受ける機会も与えられません。高所作業で安全帯を使用するかどうかは自らの判断に委ねられます。安全教育を十分に受けていなければ、安全確保のための正しい作業方法がわからず、正しい判断はできません。例えば、脚立作業。脚立の正しい使い方には "身を乗り出して作業しない" "天板に乗らない" "脚立を背にして降りない" などがありますが、このことを知らない人は少なくないでしょう。また "物を持って昇降しない" ことも正しい使い方の一つですが、一人親方による一人作業では、それが困難なことは容易に想像できます。作業前に欠かせない "KY 活動"

も、効果的に実施することは難しいでしょう。

十分な安全教育が必要

　シルバー人材センターの安全問題は、加齢に伴う心身機能低下に加え、このような一人親方であるがゆえの難しい問題を抱えています。事故発生率は非常に高く、早急に対策を構築しなければなりません。具体策としては、シルバー人材センターで仕事をする者は、労働安全衛生法規に定められているような安全ルールを遵守させるため、事前に一定の安全教育の受講を義務づけることが必要ではないでしょうか。重篤な事故につながりやすい墜落災害、交通事故の防止のための安全教育はもとより、頻発事故を防止するため、保護具の着用、手工具、電動工具（チェーンソー他）等の正しい使い方、熱中症対策、虫刺され対策等の安全教育が必要です。

【コラム10】警察交通課長の話「ポイントを絞る」

　　毎年、交通事故により多くの方が亡くなっています。ただ、令和3年の交通事故による死亡者数は2,636人と、警察庁が発表を始めた昭和23年以降、最少人数となり、20年前の平成13年の死亡者数8,747人と比べ、70%近くも減少しました。

　　交通事故総合分析センターによると、交通事故の原因はほとんどが運転手に起因するものです。その上位には、①同乗者とのおしゃべり、居眠り、単にボーッとしていたなどの漫然運転、②脇見運転、③運転操作ミス、④よく見ていないなどの安全確認不足があげられ、これらで半分以上を占めています。

　　以前、ある県警の交通課長の話をきく機会がありました。交通課長は、事故原因のうち安全確認不足を取り上げ、安全確認すべき重要なポイントを理解せず、漠然となんとなく安全確認することを問題視していました。例えば、左折時には何を確認するのか。直接目視により道路を渡る歩行者、自転車などはいないか確認し、他方、サイドミラーにより、バイクなどが後方から追い越さないか確認することなどが必要ですが、それらのポイントがおさえられず交通事故が起きていると指摘していました。

　　"ポイントを絞る"このことは、産業現場の安全確保にもいえることです。その現場で重篤な災害が発生しやすい作業、労働災害発生の可能性が高い作業などを見出し、それらに対し優先的に対策を講じる。このようにポイントを絞ることが重要になります。ポイントを絞るためには、全国各地で頻発している労働災害を学び、自らの現場に関わりがありそうなものは、それを重点対策とし、再発防止に努めることが求められます。

19. その11. 疲労

疲れにより注意力、判断力が低下する

　人は疲れてくると、脳の活動状態（覚醒水準という）が低下し、作業量の低下とともに作業の質も低下します。とっさの反応が遅れがちになり、注意力の低下、集中力の低下、判断力の低下を生み、普段しないような単純ミス、ヒューマンエラーが増えてくるといわれています。

【事例　疲労が激しい林業の現場】

　これまで、様々な現場を見学しましたが、林業の現場は過酷でした。山奥の間伐材の手入れ（間引き）の現場でした。そこに行くまでは、車道がなくなるまで自動車で向かい、車道がなくなってからは、山中の道なき道を歩いて向かいました。途中、上り斜面の勾配がきつく、山道初心者の私は、何度も休憩をはさまざるを得ませんでした。そこで働く人達も、現場までの移動で疲れないよう商売道具のチェーンソーを持ち帰らず、現場に置きっ放しにしていました。このように、現場にたどり着く前に疲れてしまうところは他にあるでしょうか。

　現場に着き、あたりを見渡すと、そこには、倒された木、刈られた枝、落ち葉などが重なりほとんど地肌が見えない斜面。かなりきつい勾配のところもありました。作業する者にとって、安全に作業するために重要な足場が確保できず、しっかり足を踏ん張ることが難しい状況でした。また、ふもとの居住地域では、まだ防寒着の必要がない時期でしたが、そこは生い茂る立木が日差しを遮り、昼休みに弁当を食べていると急激に身体が冷え、防寒着なしでは過ごすことができませんでした。あまりに過酷な作業環境であると強く印象に残りました。

　そこで働く人達にいろいろ話を伺いましたが、特に印象に残った話は次のとおりです。

　「チェーンソーで倒そうとした立木が、他の立木に寄りかかって倒

れなくなった場合、ロープを使って引っ張るのはかなりの力を要し、それを1日何回も行うと疲れてしまい、集中力の低下などからチェーンソーでの伐木作業までが危険になる。伐木中、チェーンソーの跳ね返りには、細心の注意を払わなければならないが、疲れてそれができなくなる。できればロープは使いたくない」

　しかしロープを使わず、他の立木に寄りかかった伐倒木を根元付近からチェーンソーで切断する（玉切り）危険行為により、切断された立木が伐木者に激突する死亡災害が多発しており、それは避けなければなりません。他の立木に寄りかからないように伐倒することも一案としてあげられますが、立木が密集した山の中ではそれは至難の業です。ヒノキのように枝が固ければ、簡単に寄りかかってしまいます。

　過酷な作業環境下での疲労軽減と安全作業の両立。とても難しい問題です。自然を相手にする仕事は難しい問題があまりに多く出てきます。

過酷な現場では疲労によってヒューマンエラーを犯しやすくなる

【事例　小売業でも疲れの溜まる作業が】

　最近、小売業の店舗を見学する機会が増えました。林業の現場ほどではありませんが、店舗内でも疲労を蓄積しやすい作業が見受けられます。例えば、総合スーパー、食品スーパーなどでの毎日の大量商品の納入作業と品出し作業、ドラッグストアなどでの頻繁な商品の補充作業、家具・

家電量販店などでの重量物の取扱作業、コンビニなどでの深夜作業など、ここにも疲労しやすい作業は多々ありました。

今後、疲労対策がますます重要に

　この他にも数多くの業種の様々な作業で、重労働、長時間労働、深夜労働、酷暑・極寒の中での労働などが行われています。また、期日が逼迫した作業などはどこの業種でも起こり得ることで、疲労対策は重要な課題です。

　現在、疲労の研究は盛んに行われており、様々な疲労対策が打ち出されています。一般的によくいわれることですが、疲労対策には、予防（疲れにくくする）と回復（疲れをとる）があります。

　予防については、基礎体力の向上、正しい姿勢、豊富な栄養摂取などがあげられます。作業の合間の休憩も、1回の休憩時間、1日の休憩回数などによって回復度が違ってきます。集中力の要する作業の継続時間はより短時間で、休憩回数を多くすることが望まれます。

　一方、回復については、適度な休憩・休養、十分な睡眠、入浴、適度な運動（激しい運動は逆効果）があげられる他、予防であげた基礎体力の向上、豊富な栄養摂取も回復を早めるといわれています。

過重労働防止対策

　ただ、長時間にわたる過重労働は疲労回復できないことがあります。これは極めて深刻な問題です。厚生労働省では、労働者の長時間過重労働は、疲労蓄積の最も重要な要因であり、脳や心臓疾患の発症との関連性が強いという医学的知見を踏まえ、長時間過重労働の排除と、労働者の適切な健康管理が重要であるとし、平成18年に「過重労働による健康障害防止のための総合対策について」を打ち出し、過重労働防止対策を推進しています。

20. これからの疲労対策を考える

安全帯を考える

　昔から数多くの業種では、現場の誰もが、高所作業の有無に関わらず常に安全帯を着用することを義務づけてきました。急に高所に上がることになっても、常時安全帯を着用していれば、事務所に安全帯を取りに戻ることもなく、その使用が促進されます。昭和58年、ゼネコンに入社した私が配属された現場でも、元請、協力会社すべての現場従事者にとって安全帯の着用は当たり前でした。作業服とともに、あごひもをしっかり締めたヘルメット、先芯入り安全靴、そして安全帯は"現場の正装"の一つに位置づけられていました。

　多くの会社がそれを受け入れ、そのことが産業界全体の墜落防止に大きく貢献してきたと思います。

　以前、原子力発電所を見学する機会がありましたが、建屋入口前で、電力会社の案内役の方が、「少しお待ちください」と更衣室に入り、しばらくして、ヘルメット、保護メガネ、安全帯を着用して戻り、「中に入るため正装してきました」といい、建屋内を先導しました。中には安全帯を使用しなければならない場所はありませんでしたが、ここでも安全帯の常時着用は当然のことでした。

女性現場監督から「安全帯は常に必要か？」の声

　先日、このことに異を唱える方が現れました。Webサイト「施工の神様」の建設技術者コミュニケーションサイトで、24歳の女性現場監督から、「筋力が劣る自分にとって重い安全帯の着用は腰に過度な負担がかかる。高所作業ならわかるが、現場で常に安全帯を着用するという考えはやめてほしい。しかし、そのことをどの上司に訴えても怒られる。ただ、このような考えを改めなければ、女性は建設現場

から離れていく」という主旨の投稿でした。

　この女性現場監督の投稿は、他にも建設現場の古い体質に対し改善を訴える投稿がありましたが、そのサイトでは投稿人気ランキング1位と、多くの方の関心を集めていました。

　この若者のような「高所作業でもないのにどうして安全帯を着用しなければならないか」という疑問の声に、それは現場の決まりだからと簡単に突っぱねてよい
ものでしょうか。しかし
一方で、それを認めてし
まうと、安全帯を着用し
ていない者が増え、本当
に安全帯を使用しなけれ
ばならない高所作業で
あっても、「取りに戻るの
は面倒だ」と、使用しな
いおそれがでてきます。

「常時着用が負担」といった悩みの声も

鉄道工事での退避中、重い装備で立ち続ける

　また、こんなこともありました。鉄道工事を見学したときのことです。

　鉄道工事で多いのが触車事故です。線路内での作業中、列車の接近に逃げ遅れ、列車に接触するものです。鉄道会社では、触車事故を撲滅させるため、上り線、下り線それぞれに見張り員を配置し、作業前に通過列車の運行ダイアグラムを綿密に確認するとともに、列車が通過する一定時間前には作業を中断し、列車が通過するまで、全作業員は線路脇に退避し、通過時は、通過を認識していることがわかるように全員が通過車両に向けて必ず手を挙げるなどの対策が行われていました。

　列車が近づく一定時間前の退避は、何かトラブルが発生したときでも落ち着いて対処できるように、できる限り長く時間を確保するよう

に努めます。ただ、退避時間を長く確保すると、ラッシュ時などダイヤが過密になってくると、より多くの列車の通過を待つこととなります。見学の際も、作業員が線路脇でずっと立ち続ける場面が見受けられました。作業員の腰には安全帯と道具袋がつけられていました。線路内の工事は、一部の作業員が担う電柱に登る作業を除けば、安全帯は必要ありません。長く立ち続けても、安全帯や道具袋を腰につけなければ疲労が軽減されます。改善はできないものでしょうか。

重い装備でずっと立ち続けるのも一苦労……

フルハーネスの普及は疲労対策につながる

　現場では、急に高所に上がらなければならない状況は十分考えられます。このため、安全帯を常に使用できるように着用しておくことは今後も必要かもしれません。ただ一方で、華奢な女性の腰への負担や、列車退避時に立ち続ける作業員のことを考えると、柔軟な対応が求められるのではないでしょうか。皆さんはどのように考えますか。

　現在、フルハーネス型安全帯の普及が促進されていますが、胴ベルト型に比べ腰への負担が少ないフルハーネス型の普及は疲労対策につながるといえます。

フルハーネス型安全帯

（写真：藤井電工（株））

21. その12. 単調

　単調とは、単純な反復作業などにより覚醒水準が低下した状態です。覚醒水準が最も低いのが寝ている状態で、目が覚めていてもぼんやりしていれば覚醒水準は低いとされます。

　長時間同じ作業を繰り返したり、同じ状態を続けたりしていくうちに、覚醒水準が低下し、エラーを引き起こしやすくなります。

鉄道工事の課題「単調監視」

　鉄道工事は、列車見張員の単調監視が問題視されています。深夜の鉄道工事では、列車見張員はたまにしかやって来ない列車を長時間待ち続けると、覚醒水準が低下するおそれがあるからです。

　この対策には、列車を待つだけでなく、その間、別の業務を担わせ、覚醒水準を低下させないようにすることがあげられます。

　JR西日本株式会社安全研究所「事例でわかるヒューマンファクター」では、単調によるヒヤリハット事例として、「列車見張員が、見張り業務に専念していたはずが、ふと気づくと、間近に列車を発見し、あわてて作業員に退避指示を出した」がとりあげられ、この対策には、「作業責任者は、列車見張員に対し次の列車までの間合い時間を計算させたり、作業の進捗状況を伝えたりする」が有効であるとしています。

　鉄道以外でも参考になる事例です。

単調な見張り作業は、覚醒水準が下がってしまう

覚醒水準の低下を事故につなげない

「疲労」も「単調」も、覚醒水準が低下するという点で似ています。それは、注意力の低下、判断力の低下などをもたらします。ただ、発生する原因が異なるため、その対策も異なることを理解する必要があります。

【コラム11】全国安全週間

毎年7月の第1週は全国安全週間です。第1回は昭和3年に始まり、令和4年で第95回を迎えました。

令和4年のスローガンは、「安全は急がず焦らず怠らず」です。

昨年までの数年間は、持続可能、エイジフレンドリーなど、新しい時代を象徴する言葉が盛り込まれる傾向にありましたが、令和4年度は原点回帰、昔ながらの定番フレーズのようになりましたが、逆に、それが新鮮な感じです。

歴代の全国安全週間のスローガン（一部抜粋）は以下のとおりです。その時代に応じたスローガンが数多く見受けられますが、今も十分に輝くものばかりです。

全国安全週間の歴代スローガン
（昭和 3 年度〜令和 4 年度、一部抜粋）

第 95 回（R4）	安全は急がず焦らず怠らず
第 94 回（R3）	持続可能な安全管理　未来へつなぐ安全職場
第 93 回（R2）	エイジフレンドリー職場へ！　みんなで改善リスクの低減
第 92 回（R1）	新たな時代に PDCA　みんなで築こうゼロ災職場
第 91 回（H30）	新たな視点でみつめる職場　創意と工夫で安全管理　惜しまぬ努力で築くゼロ災
第 90 回（H29）	組織で進めよう安全管理　みんなで取り組む安全活動　未来へつなげよう安全文化
第 80 回（H19）	組織で進めるリスクの低減　今一度確認しよう安全職場
第 70 回（H9）	安全はトップの決意とあなたの努力　めざそう災害ゼロの明るい職場！
第 60 回（S62）	自主的に取り組もう職場の安全　進めよう設備と作業の改善
第 50 回（S52）	みんなで見直しみんなで考え　先取りしよう職場の安全を！
第 40 回（S42）	安全のルールを守って　無災害の職場をつくろう
第 34 回（S36）	作業設備をととのえて　職場の安全をはかろう
第 17 回（S19）	決戦一路　安全生産
第 10 回（S12）	興せ産業　努めよ安全
第 1 回（S3）	一致協力して怪我や病気を追拂ひませう

＊第 18 回〜 33 回（S20 〜 S35）戦時中の産業報国運動に対する批判もあり、統制色を払拭したい気持の現れからスローガンなし。

　この全国安全週間を機に、会社や事業場が改めて一つになり、現場で働く全ての人々の安全意識を高め、活発な安全活動に邁進することが期待されます。

22. 人間の 12 の特性の類型化

　ここまで、ヒューマンエラーの原因となる 12 の特性を紹介してきましたが、この 12 の特性は、以下のとおり、1. 危険がみえない、2. 行動が止められない、3. リスクを受け入れ行動する、4. 心身機能等の低下による、5. 組織的な欠陥による、の 5 つに分類できます。

```
12 の特性の類型化

1. 危険がみえない
　①無知・未経験・不慣れ／③不注意
2. 行動が止められない
　⑦場面行動／⑧パニック／
　⑨錯覚、思い込み
3. リスクを受け入れ行動する
　②危険軽視／⑥近道・省略行動
4. 心身機能等の低下による
　⑩高年齢者の心身機能低下／⑪疲労／
　⑫単調
5. 組織的な欠陥による
　④コミュニケーションエラー／⑤集団欠陥
```

類型 1　危険がみえない（①無知・未経験・不慣れ／③不注意）

・その作業をよく知らない、その作業の経験が足りない、その作業に慣れていない、作業に集中し過ぎなどにより、忍び寄る危険がみえず被災する

類型 2　行動が止められない（⑦場面行動／⑧パニック／⑨錯覚、思い込み）

・とっさに反射的に行動したり、急に驚き脳が正常に働かず思わぬ行

動をとったり、思い込みなどでそこにある危険がわからず行動した
りするなど、自らの行動が止められず被災する

類型３　リスクを受け入れ行動する（②危険軽視／⑥近道・省略行動）

・目の前の危険がわかっていても、「これくらいなら大丈夫」と危険
　を軽視したり、「面倒だから」と近道したり手順を省略したりして、
　不安全行動をとり被災する

類型４　心身機能等の低下による（⑩高年齢者の心身機能低下／⑪疲労／⑫単調）

・加齢に伴い心身機能が低下したり、作業を続けていくうちに疲れて
　注意力や判断力が低下したり、単調な作業を続けていくうちに頭が
　ぼーっと意識低下したりするなど、心身機能や覚醒水準の低下によ
　り被災する

類型５　組織的な欠陥による（④コミュニケーションエラー／⑤集団欠陥）

・指示がうまく伝わらなかったり、しっかり守られなかったり、また、
　現場全体が、生産最優先、工期厳守などになると、不安全行動やむ
　なしという雰囲気になったりして、それが原因で被災する。このよ
　うな作業員個人の行動に大きな影響を及ぼす組織の欠陥

23. 漫然、焦り、イライラなどによるエラー

　米国の Sylvestre は、2008 年のヒューマンエラーに関する研究にお
いて、「人がミスをする原因は何であろうか？　いろいろあるだろう。
それを 2 万人に聞いたところ、1 位は『焦り（rushing）』で 80％を
占め、次いで『疲労（fatigue）』、『イライラ（frustration）』、『漫然
（complacency）』が上位を占めた。」とアンケート調査結果を示して
います。このうち、焦り、イライラ、漫然は心理的リスク、疲労は身
体的リスクです。これら行動上の問題となる 4 つのリスクは、他にも
数多くの論文などで言及されています。

　米国のセンチネル・レストラン協会の会報には、「従業員の行動上
の問題は、職場の生産性と安全性に悪影響を与える。この行動上の問
題には、漫然、疲労、イライラ、焦り、ストレス（stress）などがある。
これらの問題を対処することで、生産性と安全性をより効果的に管理
できる」と述べられています。ここでは、先の 4 つのリスクに「スト
レス」を加えています。

　米国ミシガン州の管理部門は、STF（SLIPS、Trips、and Fall：転倒・
転落）防止のため、従業員の行動上の問題として、漫然、疲労、イラ
イラ、焦りの 4 つのリスクを掲げ、それぞれについてポスターを作成
しています。

　欧米では、労働者個人の行動に起因する災害、いわゆる行動災害の
代表的なものとして、転倒と転落を合わせた "STF" が用いられていま
す。以下に、4 つのリスクの実際のポスターと翻訳（主要部）したも
のを紹介します。

STF（転倒・転落）リスク要因その1　漫然

ルーティンを壊してみる

　P.133の表は "漫然" を説明した英文ポスターの翻訳です。

　漫然とは、ぼんやりとして潜在的な危険に気づかないことです。車の運転など長時間作業するとき、職場や家など日常的な空間で過ごすとき、退屈しているときなど、私たちは「自動操縦」状態で「ボーッと」してしまう危険があるとしています。

　「ルーティンワークをしながら、マルチタスク（複数の作業）するのは漫然のサイン！」として、安全のためのルーティンを壊すための行動を紹介しています。さらに、安全に移動するためのポイントも列挙しています。

日常の潜在的な危険に気づけない

COMPLACENCY BRINGS RISK

Complacency means being satisfied with the current situation, while being unaware of potential danger. We risk "zoning out" into "autopilot" when we...

- perform repetitive tasks – such as driving
- adapt to routines – like walking into work or home
- are bored
- don't notice (or report) obvious risks

MOVE SAFELY TO STAY WELL

Don't walk too fast for the current conditions

Use railings on stairs

Shorten your stride when conditions are uncertain

Wear footwear appropriate to your walking conditions

Look before moving

Avoid turning suddenly

Test your footing before committing your weight

Use mirrors at corners

ONE SIGN OF COMPLACENCY IS ATTEMPTING TO MULTI-TASK WHILE DOING ROUTINE THINGS.

"I really try to put myself in uncomfortable situations. Complacency is my enemy." — Trent Reznor

DISRUPT YOUR ROUTINES TO STAY SAFE

- Notice what's going on: take several deep breaths
- Break your routines: take a different route; listen to different music; try your non-dominant hand for familiar tasks.
- Avoid multi-tasking
- Provide feedback to your family or coworkers when you see unsafe acts

RESOURCES

For more about complacency, read this:
https://ohsonline.com/Articles/2010/09/01/Complacency-The-Silent-Killer.aspx

95% of safety incidents include at least one of these common factors:			
RUSHING	FATIGUE	FRUSTRATION	COMPLACENCY

漫然がリスクを招く

　漫然とは、現状に満足し、潜在的な危険に気づかないこと。車の運転など長時間作業するとき、職場や家など日常的な空間で過ごすとき、退屈しているときなど、私たちは「自動操縦」状態で「ボーッと」してしまう危険がある。

　ルーティンワークをしながら、マルチタスク（複数の作業）するのは漫然のサイン！
　"このようなとき、私は自分を不快な状況に置くようにしている。漫然は私の敵だ"（by Trent Reznor）
　安全のため、ルーティンを壊してみる。
・別のルートを通る
・別の音楽を聴く
・慣れた作業を利き手でない方の手でする
・マルチタスクを避ける
・危険な行為を目にしたら、同僚などにフィードバックする

　安全に移動するには、
・速足にならない
・階段では手すりに手を添える
・不安定な状況では歩幅を狭くする
・周りの状況に合わせた靴を履く
・動く前に見る
・急に曲がらない
・体重をかける前に足元を確認する
・曲がり角では鏡を使う

　事故の 95% は、漫然、疲労、焦り、イライラのうち少なくとも 1 つを含んでいる。

その2　疲労

定期的な休憩で疲れをとる、元気でいるためによく動く

　次は、"疲労"によるSTFリスクです。

　疲れてくると集中力が低下し、STFの可能性が高まります。さらに、滑りやすい状態や注意力散漫などが加わると、職場だけでなく家庭でも転倒しやすくなるとしています。

　注意力を維持する方法として、定期的な休憩や業務に変化を持たせることなどを挙げています。また、「元気でいるためによく動こう」をテーマに、歩行時に気を付けるポイントを取り上げています。

FATIGUE CAN BE RISKY

Feeling tired disrupts our ability to concentrate, and increases the likelihood of a slip, trip or fall. Mix in slippery conditions, a distraction or construction, and falls become even *more* likely both at work and home.

When we are tired, we...

- aren't fully alert to our surroundings
- are more likely to overlook a slick spot or torn carpet
- have less ability to react well; our reflexes are less reliable
- are more likely to be distracted or feel frustrated

...can wind up missing activities or events because of injury!

Fatigue makes fools of us all. It robs you of your skills and your judgement, and it blinds you to creative solutions. It's the best-conditioned athlete, not the most talented, who generally wins when the going gets tough.
--Harvey Mackay

MOVE WELL TO STAY WELL

Walk at appropriate speeds

Test footing before committing weight

Use railings on stairs

Use mirrors at corners

Reduce over-striding

Look before moving

Wear the right footwear

Avoid sudden turns or pivots

Watch for hazards or changes in conditions

WAYS TO STAY ALERT

- Take scheduled work breaks—you've earned them!
- Energize your mind and body with a walk
- Vary tasks as permissible to alleviate boredom
- Go to bed 15 minutes earlier
- Consult with your doctor or resources below

RESOURCES
LifeMatters EAP - 800-657-3719 - www.mn.gov/EAP
StayWell - 855-428-6320 - www.mn.gov/StayWell

95% of safety incidents include at least one of these common factors

RUSHING　　FATIGUE　　FRUSTRATION　　COMPLACENCY

135

疲労は危険の元

　疲れてくると集中力が低下し、STF の可能性が高まる。さらに、滑りやすい状態や、注意力散漫などが加わると、職場だけでなく家庭でも転倒しやすくなる。

　疲れてくると…
・周囲の状況に十分な注意を払えなくなる
・滑りやすい場所や破れたカーペットを見落としがちになる
・反射神経が鈍り、うまく反応できなくなる
・気が散ったり、イライラしたりしがちになる

　疲れによりケガをして、活動やイベントに参加できないこともある。
　"疲労によって、私たちはどうしようもない人間になってしまう。スキルや判断力は奪われ、創造的な解決策を見失ってしまう。困難な状況に陥ったときに勝つのは、才能ある人ではなく、最もコンディションの良いアスリートだ。"（by Harvey Mackay）

　注意力を維持するには、
・定期的に休憩を取る
・散歩をして心身を整える
・退屈にならないよう許される範囲で業務に変化をもたせる
・いつもより 15 分早く寝る
・医師に相談する

　元気でいるためによく動こう。
・適度なスピードで歩く
・体重をかける前に足元を確かめる
・階段では手すりに手を添える
・曲がり角では鏡を使う
・歩きすぎない
・動く前に見る
・正しい靴を履く
・急に曲がったり、振り返ったりしない
・危険や状況の変化に気を配る

　事故の 95% は、漫然、疲労、焦り、イライラのうち少なくとも 1 つを含んでいる。

その3　焦り

スローダウンで安全に行動

　次は " 焦り " によるリスクです。

　人は焦ると、本来の通路ではなく、未整備の場所などを近道しようとします。また、曲がり角をよく見ずに通行したり、滑りやすい場所を見落としたりして、転倒や転落してしまいます。

　ここでは、焦りの症状を早く緩和する方法として「スローダウン」（減速）が挙げられています、スローダウンするためには、移動時間をカレンダーに書く、次々と約束を入れるのをやめる、予期せぬ事態に備えて余裕を持った時間を確保するなど行動面の心がけが必要になると説明しています。

RUSHING HAS ITS RISKS

When we are in a hurry, we are more likely to:

- take a short cut off of a designated walk way onto uneven or slippery terrain
- move blindly around corners and into a coworker
- overlook a slick spot or a tear in the carpet
- not change into safer footwear
- carry too much

...and wind up in urgent care with unexpected medical bills!

"For fast acting relief, try slowing down."
— *Lily Tomlin*

MOVE WELL TO STAY WELL

Walk at appropriate speeds

Test footing before committing weight

Use railings on stairs

Use mirrors at corners

Reduce over-striding

Look before moving

Wear the right footwear

Avoid sudden turns or pivots

Watch for hazards or changes in conditions

WAYS TO SLOW DOWN

- Add travel time to your calendar
- Avoid back-to-back appointments
- Allot extra time for the unexpected (or to arrive early and relaxed)
- Schedule time for extra trips rather than carrying more than you can safely handle
- Stop for a moment to notice the moment you are in
- Remember that rushing can add stress and lead to falls
- Develop time and stress management skills with LifeMatters EAP or a StayWell health coach

RESOURCES

LifeMatters EAP - 800-657-3719 - www.mn.gov/EAP
StayWell - 855-428-6320 - www.mn.gov/StayWell

95% of safety incidents include at least one of these common factors

RUSHING   FATIGUE   FRUSTRATION   COMPLACENCY

（翻訳）

焦りは危険の元

焦ると、
- 定められた歩行者通路ではなく、整地されていない場所や、滑りやすい場所へ近道しようとする
- 曲がり角をよく見ず曲がり、同僚にぶつかる
- 滑りやすい場所やカーペットの汚れを見落とす
- 安全靴に履き替えない
- 荷物を抱えすぎる

思わぬ医療費がかかってしまうことも！
焦りの症状を早く緩和するには、スローダウン！（by Lily Tomlin）

スローダウンするには、
- 移動時間をカレンダーに書く
- 次から次へと約束を入れるのをやめる
- 予期せぬ事態に備え、十分な時間を確保する（または、早めに到着してリラックスする）
- 安全に運べない荷物は運ばない。余裕を持った移動時間を確保する
- 今の状況で、一瞬立ち止まる
- 急ぐとストレスが余計にかかり、転倒しやすくなることを理解する
- 新しいストレスマネジメントを学ぼう（by ヘルスコーチ）

元気でいるためによく動こう。
- 適度なスピードで歩く
- 体重をかける前に足元を確かめる
- 階段では手すりに手を添える
- 曲がり角では鏡を使う
- 歩き過ぎない
- 動く前に見る
- 正しい靴を履く
- 急に曲がったり、振り返ったりしない
- 危険や状況の変化に気を配る

　事故の95％は、漫然、疲労、焦り、イライラのうち少なくとも1つを含んでいる。

その4　イライラ

深呼吸して落ち着かせる

　次は"イライラ"です。イライラしたり、落胆したりすると、危険なものを見落としやすくなるなど、被災するリスクが高まります。

　何度も深呼吸して心を落ち着ける、友人や同僚などにイライラした気持ちを打ち明ける、ストレスマネジメントを学ぶなど、「リラックスして安全に過ごそう」と説明しています。

FRUSTRATION CAN BE RISKY

When we are frustrated, irritated or discouraged, we are more likely to...

- Rush
- Be distracted by our thoughts
- Take shortcuts
- Overlook hazards

...and spend time in medical care for an injury!

It took 10 months for me to learn to tie a lace; I must have howled with rage and frustration. But one day I could tie my laces. That no one can take from you. I profoundly distrust the pedagogy of ease.
--George Steiner

MOVE WELL TO STAY WELL

Walk at appropriate speeds

Test footing before committing weight

Use railings on stairs

Use mirrors at corners

Reduce over-striding

Look before moving

Wear the right footwear

Avoid sudden turns or pivots

Watch for hazards or changes in conditions

RELAX AND STAY SAFE

- Take several deep breaths to calm your mind.
- Share your frustration with a friend, coworker, supervisor, or employee assistance program (EAP)
- Write or journal about your frustration
- Learn new stress management skills through LifeMatters EAP or with a StayWell health coach
- Seek the help of a professional if your frustrations are becoming difficult to manage.

RESOURCES

LifeMatters EAP - 800-657-3719 - www.mn.gov/EAP
StayWell - 855-428-6320 - www.mn.gov/StayWell

95% of safety incidents include at least one of these common factors

RUSHING   FATIGUE   FRUSTRATION   COMPLACENCY

in   ^   OneDrive 1 2022- .zip   ^

（翻訳）

イライラは危険の元

イライラしたり、落胆したりすると、
・焦る
・考え事に気を取られる
・近道しようとする
・危険なものを見落とす

ケガの治療に時間を取られてしまうよ！
"靴の紐を結べるまでに 10 か月もかかり、私は怒りと悔しさでいっぱいだった。しかし、ある日、私は紐を結ぶことができた。それは誰も奪うことができない。"（by Geoge Staner）

リラックスして安全に過ごそう。
・何度も深呼吸して心を落ち着ける
・友人、同僚、上司、従業員支援プログラム（EAP）にイライラした気持ちを打ち明ける
・イライラを書き出したり日記につけたりする
・ヘルスコーチに新しいストレスマネジメントを学ぶ
・対処が難しい場合は専門家の助けを借りる

元気でいるためによく動こう。
・適度なスピードで歩く
・体重をかける前に足元を確かめる
・階段では手すりに手を添える
・曲がり角では鏡を使う
・歩きすぎない
・動く前に見る
・正しい靴を履く
・急に曲がったり、振り返ったりしない
・危険や状況の変化に気を配る

事故の 95% は、漫然、疲労、焦り、イライラのうち少なくとも 1 つを含んでいる。

安全教育と設備対策の両輪で

　"漫然""焦り""イライラ"などの心理的要因の対策には、安全教育と設備的な対策の両輪が欠かせません。作業員には安全教育を実施し"漫然""焦り"などが転倒や転落につながることを十分に理解させ、慎重な行動に努めさせるとともに、転落に直結する養生のない開口部、後ろ向きに転倒し重篤な災害につながりやすい滑りの原因となる水や油で濡れた作業床などをなくすなどの設備的な対策が求められます。

24. ヒューマンエラー対策のとらえ方

人間の特性を踏まえた対策を打つ

これまでに説明したとおり、人間はエラーを犯す様々な特性を持っています。作業に一生懸命になればなるほど、忍び寄るリスクに気づかず被災しやすくなります。また、生産最優先、工期厳守のため、頑張れば頑張るほど、現場にとっては"よかれ"の人ですが、ヒューマンエラーを犯しやすくなります。

安全管理者は、このことを十分に理解しなければなりません。

これまで、現場では作業手順書や安全作業マニュアルを定めれば、それが安全管理の柱となり、その作業手順やマニュアルを守れない作業員には、守らせるための安全教育、安全指導が講じられてきました。長期的に見れば、このことで労働災害は大きく減少してきました。

今後は、それだけではうまくいきません。「なぜ?」って。それは、生産現場には、それが守れない状況が多々あるからです。

作業手順などが守られずに労働災害が立て続けに発生すると、安全管理者からは「頑張っても頑張ってもうまくいかない。どうすればいいんだ」と嘆き節がきかれることが多々あります。しかし、嘆くのではなく、頑張り方を変えなければならないのです。

"生きた"作業手順書に仕上げる

時代の流れの中、昭和から平成にかけ、生産現場では作業手順書や安全作業マニュアルなどを整備し、労働災害の大幅減に大きく貢献してきました。ただ、昨今の労働災害発生件数の下げ止まり感は、新たな対策が必要であることを物語っています。ヒューマンエラー対策の観点で、現状の作業手順書や安全作業マニュアルの総点検が求められます。

今後は、作業手順書や安全作業マニュアルは、守られないことがあることを前提に、どうして守られないのか、その答えを作業員との対話の中に求め、作業員にとって生きた作業手順書、安全作業マニュアルを策定していくことが重要になります。

　先に述べたとおり、「人間が作業計画、作業手順、作業環境に合わせて働く」のではなく、「作業計画、作業手順、作業環境を人間の特性に合わせる」ことが必要になります。これが、これからのヒューマンエラー対策の柱になるのです。

　さらに、作業員との対話を重ねることにより、作業員の事故防止に対する当事者意識が強くなり、自ら率先して安全に作業する効果も期待されます。

作業手順書が守られないこともある

【コラム 12】 年度末は慌ただしい

　役所との単年度契約での仕事などでは、年度末は、工期（納期）に間に合わせるため、慌ただしくなることがよくあります。しかし、その慌ただしさは現場の安全に悪影響を及ぼすことがあります。

　建設現場の責任者の多くは、安全対策上の重点課題に無理な工期設定をあげます。ある現場責任者は、「無理な工期設定は事故が起きやすい。突貫工事になると一度に大量の作業員が必要となり、外部から未熟練な者を連れてこざるを得ない。時間に余裕がなく、彼らの業務適性がつかめず十分な教育訓練もできず、事故が起こりやすくなる」と語っていました。

　宅配ピザなどの配達飲食サービス業でも、配達時刻（納期）に間に合わせようとあわてて運転し、交通事故を招いています。

　無理な工期（納期）となり、それに間に合わせることを最優先させ安全をおろそかにする。まさに集団欠陥。それではいけません。現場責任者は、いかに工期（納期）が厳しくても、安全と施工（生産）は一体であるという信念を持ち、現場を引っ張っていかなければなりません。

25. 様々な事故のヒューマンエラー対策を考える
その1　クレーン転倒事故と
　　　　　　　　ヒューマンエラー対策

　ここでは、以下のとおり、様々な事故を取り上げ、実際の事故事例に基づき、その原因となる人間の特性、効果的なヒューマンエラー対策について見ていきます。まず、「その1　クレーン転倒事故」です。

　　その1　　クレーン転倒事故
　　その2　　漏水トラブル（配管工事中）
　　その3　　危険物取扱事故（危険物製造所等）

どうしてクレーンは倒れたのか

　以前、NHKで「何故起きるクレーン事故」の特集が組まれ、そこに解説者として出演する機会がありました。当時、クレーン作業による転倒事故が相次ぎ、世間の関心が高まり、社会問題の一つとして番組でとりあげられました。

　番組制作者は、事前打ち合わせで、どうしてあのような巨大なものが頻繁に倒れるのか大きな疑問を抱いていました。「早く仕事を終わらせよう」と無理をし、安全制御装置のリミッター（モーメントリミッター：過負荷防止装置）をオフにし、定格荷重以上のものをつろうとしてクレーンの転倒を招いた。当時の不況の影響がそれに拍車をかけている、などといくら説明しても、彼らはそれがあの巨大な機械を倒す理由なのかと首をかしげていたのが印象に残っています。

　クレーンは一旦バランスを崩しブームが傾き始めると、もうどうすることもできません。巨大なクレーンが倒れ、周辺の家屋、自動車などを押しつぶし、ときに死亡災害を引き起こします。それが、ちょっ

とした人の不安全な行動によるなんて信じられないのが、一般の人の感覚です。産業界は大事故を起こさせないとする姿勢が足りないのではないかとまでいわれてしまいます。

　私もクレーンの転倒を目の当たりにしたことがあります。ゼネコンに勤務していた30数年前、シンガポールで地下鉄工事に携わっていました。地下鉄といっても5.3kmの工区はすべて高架橋でした。そこで、45tクローラークレーンの転倒事故が起きました。転倒場所はマリンクレーという軟弱地盤の上に、盛土と砕石を敷き均した仮設道路上でした。クローラークレーンは道路端の地盤沈下が原因でバランスを崩しました。一旦バランスを崩しブームが傾くともうどうすることもできません。ブームはゆっくりと倒れていきました。何もできない。ただ、倒れるのを見ているだけです。そして、次の瞬間、地上に激突。ものすごい激突音。そして地響き。倒れたブームは事務所を直撃しました。プレハブの事務所は一瞬のうちにつぶされました。クレーンのフックは駐車場に停めてあった車に直撃。その車は大破しました。ただ、不幸中の幸い、事務所の中で働いていた人は奇跡的に誰も被災しませんでした。

その後、国内の発電所工事を担当していたときもクレーンの転倒事故に遭遇しました。冷却用の海水を取り入れるための取水槽工事でした。そこで、隣の工区の建屋建築工事で設置された100t級のクレーンが、おそらくブームを立てすぎたため転倒しました。そのブームは自分たちの工区、取水槽脇で門型クレーンの基礎工事をしていたところに向かって、ゆっくり倒れてきました。そこで作業をしていた人は、急いで法長3m程の法面を駆け上がり逃げようとしましたが、どれだけ逃げても自分の方に向かってクレーンが倒れてくるようだったと、当時、恐怖談を語っていたのを今でも鮮明に覚えています。

　これまで、移動式クレーンなどの転倒事故は何度テレビニュースで取り上げられてきたことでしょうか。クレーン転倒事故に対する世間の関心は高いものがあります。

　では、どのようにすればクレーン転倒事故を防ぐことができるのでしょうか。

　ここではこのことをテーマに、移動式クレーン転倒事故の実態を把握しつつ、その背景を探り、クレーンオペレーター等のヒューマンエラーによる転倒事故の防止対策について考えていきます。

移動式クレーンの転倒事故

　移動式クレーン転倒事故の実態を見てみましょう。

　ここでは、建設会社が自ら作成したクレーン転倒事故報告書に基づき、2つの事例を紹介します。事例1は鉄道の電気設備工事を得意とするA社の事例、事例2は発電所、製鉄所等プラント建設工事を得意とするB社の事例です。

【事例1　つり上げ能力を超え転倒】

　事例1は積載型移動式クレーン（通称：ユニック車）旋回時の転倒事故です。クレーン操作者と荷台上の2人の作業員が負傷した重大災害です（表1）。定格荷重を超えたものをつったことが事故原因です。再発防止対策は、①つり上げ能力が十分にある移動式クレーンを使用

すること、②クレーン操作者はその能力を十分に把握し慎重に操作することがあげられています。

　ただ、つり上げ能力が十分にある移動式クレーンを使用することの的確な判断は、不確定要素が多い現場では難しい場合が少なくありません。

表1　事例1（積載型移動式クレーン転倒災害）

1．災害発生状況

　電車線ちょう架線新設のため、河川堤防上、延線ドラムのつり上げ作業中、つり上げ能力を超えて、積載型移動式クレーンの旋回を行ったため、バランスを崩し運転席側に横転し、操作していた作業責任者（操作者）と荷台上部にいた作業員2名が負傷した。

　操作者は積載型移動式クレーン運転席と操作レバーの間にはさまれ、荷台にいた作業員Aは横転した反対側に飛び降り、作業員Bは堤防に投げ出され負傷した。

2．再発防止策

①作業計画時、作業に応じたつり上げ能力が十分にある移動式クレーンを使用すること

②移動式クレーン使用時、操作者はその能力を十分に把握し、慎重に操作すること

（資料：A社提供）

【事例2　アウトリガーの最小張出し、リミッターはオフに】

　事例2は移動式クレーン旋回時の転倒災害です。事故原因は、①オペレーターが移動式クレーンの能力を把握していなかったこと、②オペレーターがリミットスイッチ（リミッター（過負荷防止装置）のスイッチ）を切っていたこと、③アウトリガーを最小張出しとしたことがあげられています。再発防止対策としては、①オペレーターへの再教育、②元請会社によるリミットスイッチの状態確認、③リミットスイッチ用の鍵の管理、④移動式クレーンの設置状況の確認等があげられています。

　事例2も事例1と同様、事故原因の一つにオペレーターが移動式クレーンの能力を把握していなかったことがあげられています。この移動式クレーンの最大作業半径は11mでしたが、実際の作業半径は約12m（またはそれ以上）でした。

　事故原因がオペレーターが移動式クレーンの能力を把握していないことであれば、その対策にはオペレーターへの教育が真っ先に考えられますが、それだけではなく、なぜオペレーターがその能力を把握できないのか、その事情を慎重に探すことも重要です。

表2　事例2（移動式クレーン転倒災害）

1. 災害発生状況 　ワイヤーロープの束をつり、移動式クレーンを旋回させたとき、移動式クレーンが横転した。 　①移動式クレーンのアウトリガーを最小張出にした 　②アウトリガー設定値を最大張出値に入力した 　→　普段は最大張出作業なので、流れで最大張出設定としてしまい、入力を誤って行った 　③リミットスイッチをオフにするため輪ゴムで固定した 　④作業状況によってはクレーン能力の限界まで使用することがあった

2. 事故原因と再発防止策

(1)人的要因

オペレーターが移動式クレーンの能力を把握していなかった。

→　定格荷重表は運転室に掲示してあったが、「アウトリガー最小張出／側方／ブーム長さ 24.7m」での使用可能最大作業半径が 11m であることを把握していなかった。実際の作業半径は約 12m またはそれ以上であった

→　クレーン会社から、オペレーターへの教育について「今後、クレーンオペレーター選任にあたっては安全教育を充実させ、会社として適任者を任命し、これまでのように免許を取得すれば誰でもすぐに乗せるといった考え方は会社として行わない」との報告を受けた

【対策】

　　オペレーターに再教育を実施し周知させる。

オペレーターがリミットスイッチを切っていた。

→　クレーンの能力限界近くまで使用する場合、つり荷の状態によっては、リミッターが作動する場合がある。リミッターが作動すると、再度巻き上げ合図があっても巻き上げができなくなる。これを避けるため、リミットスイッチをオフにして巻き上げをし、さらに、両手で操作するため、リミットスイッチをオフにできるよう輪ゴムで固定した

【対策】

　　元請会社が定期的あるいは抜き打ちでリミットスイッチの状態を確認する。

　　→　移動式クレーンに装備されたリミッターは、入力された作業条件に基づいて作動する。作業条件に応じた値が自動的に入力されるので、これを用いるか、あるいは作業条件に適応した適切な値をリミッターに入力することが必要である。これらの徹底を図る

アウトリガーを最小張出とした。

→ オペレーターは荷が軽いので最小張り出しでつれると判断した

【対策】

　アウトリガーは原則として最大張出とする。これが難しい場合は元請会社の了承のもとで実施する。監督者は移動式クレーンの設置状況を確認して作業を開始させる。

(2)物的要因

オペレーターがリミットスイッチを切って、自由に操作できる状態であった。

【対策】

　スイッチが鍵タイプの場合、元請会社がそれを管理する。

(3)管理的要因

元請会社の監督者が移動式クレーンの設置状況を確認していなかった。

【対策】

　移動式クレーンを設置する場合、監督者はクレーンの設置状況を確認した上で作業を開始させる。

クレーン会社はクレーンオペレーターの教育を定期的に実施していなかった。

【対策】

　クレーン会社に対しクレーンオペレーターの教育の実施を求める（クレーン会社から「クレーン作業に従事するオペレーターの教育は広く知識をもった指導員に教育させる。」との報告を受けた）。

（資料：B社提供）

　これら２つの事故の再発防止対策は、一昔前からよく見受けられるものばかりです。クレーン転倒事故を起こした会社は、それを教訓として強く事故防止に努めるでしょうが、今後、他の会社の現場で同じ過ちを繰り返すおそれは少なくないのが現状です。

クレーン事故が後を絶たない現場の事情

　死傷者がでなくても移動式クレーンの転倒は世間を騒がす大きな事故となります。どうして移動式クレーンの転倒事故は後を絶たないのか。その背景を探ってみると、そこには現場の事情がみえてきます。

　建設現場などで各種作業に移動式クレーンが必要かどうかは、多くの場合、前日に行われる翌日の作業打ち合わせで決まります。それぞれの作業で移動式クレーンが必要かどうかを確認します。移動式クレーンが必要な場合、そのつり上げ能力は作業内容に基づき作業半径とつり上げる物の重さ等から決められていきます。

　ただ、日々刻々、現場の状況がめまぐるしく変わることもあり、次の日になると、前日の打ち合わせにはなかった予定外の作業、突発的な作業がでてくることがあります。移動式クレーンを据えようとした場所に資材が仮置きされていたり、突然、他の作業で移動式クレーンを使いたいと言い出す者がでてきたりし、ときに、移動式クレーンのとりあいが起こります。

　特に、現場では、早く仕事を終わらせて次の作業に移りたいので、「クレーン作業を急いで終わらせてくれ」という要求が数多く見受けられます。このため、例えば、大量の資材の荷上げに 10 回かかるところを、7 ～ 8 回ですませようと、1 回のつり上げ量を多くしてしまうことが現場の判断で容易にできてしまいます。ときに、定格荷重以上の重さのものをつろうとします。リミッターつきのものであれば、それを無効にしてしまうことさえでてきます。

　クレーンオペレーターは、現場の要求にできる限り応えようとします。早く仕事を終わらせるため、たとえ定格荷重を超えるものでも、クレーン操作をしながら、自らのこれまでの経験などから「まだいける」と判断すればつってしまうことがあります。他方、クレーンを利用する側の業者も、現場で起こる様々な状況変化に臨機応変に対応してくれるクレーンオペレーターを重宝します。

クレーンを安定して設置していない

　移動式クレーンの転倒事故防止には、その正しい設置方法も忘れてはいけません。アウトリガー張出、敷鉄板などを使った地盤の養生、設置場所の整地なども重要です。移動式クレーンの設置場所は、作業半径を小さくするため、できる限り荷をつり上げる（つり下ろす）場所に近づけようとします。建設現場で、荷上げ（荷下ろし）場所が掘削内であれば少しでも法肩に近づけようとします。しかし法肩は崩壊しやすい。埋め戻し場所である場合も少なくない。そこにアウトリガーを設置することは、地盤崩壊、地盤沈下による転倒リスクが大きくなります。

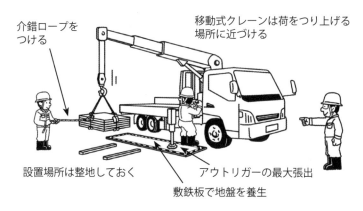

介錯ロープをつける

移動式クレーンは荷をつり上げる場所に近づける

設置場所は整地しておく

アウトリガーの最大張出

敷鉄板で地盤を養生

事故原因の多くはヒューマンエラー

　クレーン転倒事故の原因にはヒューマンエラーが大きく関わっています。

○無知・未経験・不慣れ

　作業員が現場で働いた経験がなかったり、経験不足であったりすると、建設現場のどこに危険が潜んでいるかわからない場合が多いでしょう。クレーンオペレーターはクレーン転倒防止のための基礎知識

が必要なことはいうまでもありません。対策には教育訓練が真っ先にあげられます。加えて、経験の浅いクレーンオペレーターが現場に入場する場合、そのことを現場関係者に周知することも重要です。

○危険軽視、慣れ

　簡単で危険を感じにくい作業を行う場合、危険軽視によるヒューマンエラーを起こしやすい。クレーン作業では危険軽視によるヒューマンエラーが数多く見受けられます。例えば、「これくらいの荷であればリミットスイッチをオフにして作業をしても大丈夫」、「この資材を1回だけ積み込むだけなので、積載型移動式クレーンのアウトリガーを張り出さずに作業をしてしまえ」のように、作業員が危険を軽視し不安全行動をとり労働災害に巻き込まれる事例は多発しています。

　危険軽視の対策は非常に困難です。いくら作業員に危険を軽視するなと教育しても限界があります。

　対策には作業の監視があげられます。また、現場全体が危険軽視による不安全行動を許さない雰囲気づくりに努め、作業員一人ひとりを、例えば、「定格荷重は超えているが、この程度の重さならつることができそうだ。だけど、この現場ではつるのをやめておこう」というような安全ルールを守ろうとする態度に変容させます。これには、現場責任者のリーダーシップが重要になります。

〇不注意

クレーンオペレーターは、荷のつり上げ作業中はそこに集中していますので、クレーンの転倒には十分な注意を払えません。このことを理解しなければなりません。不注意対策としては、クレーンオペレーターが安全に不注意になったとしても事故につながらないような安全設備の充実や、監視役などの配置等が必要になります。

〇コミュニケーションエラー

オペレーターと合図者の連携が

クレーン作業では、玉掛合図者とクレーンオペレーターのコミュニケーションはとても重要です。玉掛合図者の的確な合図と、それに忠実に従うクレーンオペレーター。両者の連携が上手くいかないと、クレーンの転倒に直結します。

未熟練の玉掛け合図者には、クレーンオペレーターに対し円滑で的確な情報を発信できるよう、玉掛け合図の方法等について教育訓練をすることが必要です。

〇集団欠陥

現場は特に工期厳守の状況下で集団欠陥になりやすい。そうなるとクレーンのリミットスイッチをオフにしてもよいという雰囲気が蔓延してしまいます。

〇近道・省略行動

積載型移動式クレーンを用いた荷下ろし作業が何カ所にも及ぶ場合、その度にアウトリガーを張出したり引っ込めたりすることが面倒となり、近道・省略行動本能が働き、アウトリガーを張出さずに荷下ろし作業をしてしまうことがあります。

この対策としては、作業員の安全意識を高め不安全行動の防止に努めることが必要ですが、人間の本能に起因する不安全行動のため、そ

れだけでは限界があります。

　不安全行動により移動式クレーンが転倒しても作業員が巻き込まれ
ないような遠隔操作型のものの使用は有効な対策です。ただ、遠隔操
作者が積載型移動式クレーンの近くで操作を行い、クレーンの転倒に
巻き込まれた死亡災害事例もあり、正しい操作方法の教育も忘れては
いけません。

○その他（社会的経済的要因）

　その他には社会的経済的要因があります。例えば、不景気になると、
過度な受注競争（ダンピング）→安値受注→現場の安全にしわよせ、
という安全確保を困難にする連鎖が生まれやすくなります。

　現場レベルで見ても、工期が厳しい→急に人手を増やす→未経験者
を十分に教育しないまま現場に出す … そして事故の発生に至ります。

　現場の利益を上げるため、元請会社が安全より出来高を優先して作
業を進めるようになると、現場の作業員、クレーンオペレーターも同
調し、集団欠陥となり、ヒューマンエラーによる事故につながります。

ヒューマンエラーを事故につなげない安全制御

　ヒューマンエラーによるクレーン転倒事故防止対策のポイントには
どのようなことがあげられるのでしょうか。

　まず、ヒューマンエラーが発生しても事故に繋がらない対策が重要
です。オペレーターが「まだつれる」と思い、定格荷重を超える重さ
のものをつろうとしたとしても、それを許さない安全制御装置、リミッ
ターの設置です。さらに、リミットスイッチをオフにできる「鍵」を
いかに管理するかも重要です。

　そしてもう一つ、ヒューマンエラーの発生頻度を少なくすることです。
このためには、現場で働く人達の安全教育や、安全意識を向上させる
ための方策が大切です。「リミットスイッチをオフにしても大丈夫」等、
安全ルールを守らない作業員を生み出さないような対策が必要です。

26. その2 漏水トラブルと
　　　ヒューマンエラー対策

配管のプロでもエラーを犯す

　配管工事において漏水トラブルが多発しています。配管のプロが、管の接合がうまくいかず漏水トラブルを招いてしまっています。プロなのに信じられないかもしれません。しかし、配管のプロも人間。人間だからエラーを犯します。ここにもヒューマンエラーが大きく関わっています。

　ここでは、漏水トラブルを取り上げ、5,000件超の漏水トラブルを基に、漏水トラブルに関わりがある人間の特性を示しつつ、漏水トラブルの原因別に、どのようなヒューマンエラー対策が有効であるか見ていきます。

漏水トラブルの原因となる人間の特性

　配管工事業者を対象としたアンケート調査によれば、漏水トラブルの原因は、①継手の接着剤の塗り忘れによるもの、②新製品・新工法採用に起因するもの、③メカニカル継手に起因するもの、④ボルトの締め込み不足によるもの、⑤通水試験に起因するもの、⑥予定外作業に起因するものなどがあげられています。それらの原因に関わっている主たる人間の特性は以下のとおりです。

○無知・未経験・不慣れ

　作業員が未経験者であったり作業や現場環境に不慣れであったりすると、どこに漏水トラブルの原因が潜んでいるかなかなか気づけません。これは、作業員の現場での経験が浅いだけでなく、現場経験が豊

富な作業員でも、新製品や新工法を採用する場合や、現場に赴任した
ばかりで新しい現場の環境に馴染んでいない場合などもあてはまりま
す。

○危険軽視、慣れ

　現場に慣れてきて、「これくらいなら大丈夫だろう」、「急いでいる
から、ちょっとくらいは平気さ」などと、ボルト締めや通水試験など
を作業手順書やマニュアルに従わないケースなどがあげられます。

○不注意

　不注意によるヒューマンエラーも漏水トラブルの原因の一つです。
代表的なものとして不注意により継手に接着剤を塗り忘れてしまうこ
とがあげられます。

○錯覚、思い込み

　「継手には接着剤が塗られていたと思ったのに」、「ボルトはしっか
り締めたと思ったのに」などのような思い込みにより漏水トラブルを
招いてしまっています。

ヒューマンエラーが原因の漏水トラブルが起こっている

漏水トラブル防止のためのヒューマンエラー対策

　では、漏水トラブル対策をどのように考えればよいのでしょうか。

　漏水トラブル防止の基本は、まずハード対策があり、次に、採用する製品・工法を正しく理解し、その下で作業を行い、作業後は漏水が起こらないことを確認することです。そのための管理方法を構築し、その中で作業員教育、教育効果の確認を行うことです。

　また、漏水トラブル原因別には以下のとおりです。

○継手の接着剤の塗り忘れによるもの

　接着剤の塗り忘れの原因には、「塗ったと思ったのに」と思い込み、接着剤の塗布状況が目視で確認しづらいことなどがあげられます。対策には、たとえ塗り忘れたとしても漏水しないような継手の採用や、容易に目視で確認できるように着色した接着剤などがあげられます。

○新製品・新工法採用に起因するもの

　新製品・新工法の採用にあたり、旧製品・旧工法との違いや新たな漏水リスクが不明なまま作業を行い、それが漏水トラブルにつながることが考えられます。対策としては、新製品・新工法は、新たな漏水リスクを把握し改善策を確立し、それについて十分な作業員教育を行うまでは採用しないことです。そのためのルール取決めなどの管理方策を構築します。

○メカニカル継手に起因するもの

　メカニカル継手は、手軽で採用しやすい反面、差し込み不足や締め忘れ等、施工不良により漏水トラブルが発生しているケースが見受けられます。メカニカル継手を採用する場合、漏水防止対策を含めた作業手順、作業員が不注意により締め忘れたとしてもそれをカバーする締め込み確認チェック方法等を明確にする必要があります。

○ボルトの締め込み不足によるもの

　ボルトの締め込み不足の原因としては、作業員の不注意などにより本締めを忘れることがあります。対策としては、作業員の不注意による締め忘れが起こってもそれを見つけることができるように水圧試験時に継手部から漏れが発生し本締め忘れが検知できる措置、作業員の不注意による締め忘れが起きにくい手締めと本締めとを外観区別できる措置などを講じることがあげられます。

○通水試験に起因するもの

　通水試験では密閉された管内に所定の水圧をかけても水圧が低下しないことの確認などが行われますが、工期が迫り十分な時間がないなどの理由で、作業員が「まあ大丈夫だろう」と危険を軽視し、一部の管で通水試験を実施しなかったり、適正な試験を行わず圧力低下を見過ごしたりするケースが考えられます。

　しっかりとした通水試験を行えば、上述した不具合の多くを見つけることも可能であるなど、通水試験は漏水トラブル防止の最後の砦です。通水試験の実施要領、試験結果の管理方法等を確立する必要があります。

○予定外作業に起因するもの

　予定外作業が発生すると、漏水リスクの検討を十分に行わないままその作業を行い、それが漏水トラブルにつながることがあります。このため、予定外作業が発生した場合には、作業を中断し、新たな作業打ち合わせなどにより漏水リスクの検討を十分に行った上で作業を再開することが望まれます。

　ただ、ヒューマンエラー対策としては、新たな作業打ち合わせは、手間がかかり現場の負担が増すことから、行われないことを想定しておくことも必要で、たとえそれが行われなくても漏水トラブルにつながらないような措置、例えば、様々な漏水トラブルを想定した防止の

ための基本ルールを定めておくことなどが重要です。

漏水トラブル撲滅に向け、関係者の当事者意識を高める

　ここまで、漏水トラブル防止のためのヒューマンエラー対策を示してきましたが、今後、このようなヒューマンエラー対策をどのように浸透させ、漏水トラブルを撲滅させるかが重要になります。現状、配管工事での漏水トラブルはあまりに多発しています。これを大幅に減少させなければなりません。

　しかし課題があります。個々の企業が、漏水トラブル多発について当事者意識をどの程度もっているかです。おそらく多くの企業は、大損害を招くような致命的な漏水トラブルを起こしておらず、企業単位では当事者意識が十分に高まらないおそれがあります。

　ヒューマンエラー対策で重要なことは、関係者の当事者意識を高めることです。特に、対策がとても厄介な「まあ大丈夫だろう」というような危険軽視によるルール違反者を出さないためには、高い当事者意識が不可欠です。現場で働く一人ひとりはもとより、現場全体、会社全体、さらには業界全体で、その意識を高めていくことが重要です。

【コラム 13】 トンネル天井板落下事故

　平成 24 年 12 月 2 日、中央自動車道笹子トンネルの天井板が約 140m にわたり落下し、通行車両 3 台が下敷きになる大惨事が起きました。

　事故・調査検討委員会の報告書によると、事故原因は、天井板をつっていたアンカーボルトの設計上の問題、施工不良とともに、事故発生前 12 年間にわたり、近接目視点検、打音による点検（たたいた音で不具合を見つける）が、未実施だったことなどがあげられています。

　アンカーボルトの不具合を見つけるには、埋め込まれたアンカーボルト周囲のコンクリートをたたくことが有効です。コンクリートとアンカーボルトの間にすき間が生じていれば、たたくと、そのことがわかる音がします。しかし、打音による点検はなく、長年にわたり、天井板の上から 5m 以上も離れたアンカーボルトの目視点検を続けていました。その点検では異常を見つけられず、突然天井板が落ちてしまいました。

　以前、その事故の三回忌の様子が TV 報道されていました。その事故で肉親を亡くされた遺族の方がマイクの前に立ち、工事関係者にこういいました。

　「あなた方にプロ意識があったならば、この事故は防げたのではないですか？」

　TV を見ていましたが、この言葉は胸に突き刺さりました。あの大惨事から 3 年という年月が経っても、残された家族の気持ちはまったく癒されることはありません。

　工事関係者は、技術者として高いプロ意識を持ち、一般の方々やそこで働く人達の命を守らなければならない。その強い決意が求められます。

27. その3 危険物取扱い事故と　ヒューマンエラー対策

　以前、ある県の消防局から「危険物取扱いの講習をしてほしい」という依頼がきました。

　講習にあたり、県全域における過去数年間の危険物製造所等の事故データをもらい、それを分析しました。約100件ありました。

　分析の結果、約4分の3が危険物の流出事故、2割が施設・設備時の破損事故で、この2つでほとんどを占めていました。2つの中身を見ると、①腐食等劣化による事故と、②注油中の作業員の行動に起因する事故が大半を占めていました。

　この2つを見ると、②はヒューマンエラーそのものですが、①についても、交換が必要だったにも関わらず交換せずに流出させたり、異常は認められたもののそのまま作業を続け流出させたり、規定されていた重要事項にも関わらず、これまで一度も交換していなかったり、人の問題が関わるものばかりでした。

　事故事例を見てみましょう。

腐食等の劣化による事故

　まず、腐食等の劣化による事故です。

【事例1】

　水抜き配管のガスケットの劣化が進行して破損し、軽油約500ℓが流出した。破損したガスケットは、10年ごとの交換が義務づけられていたが、その期間が過ぎても交換されていなかった。

【事例2】

　軽油の地下タンクから計量機までの送油管の一部に腐食で穴が空き、そこから浸入した水が軽油に混入したため、それを給油した車両

がエンジン停止を起こした。約30年前の完成検査以後、配管が交換されていなかった。

【事例3】

　ポンプを作動させたところ、ポンプに接続している送油配管の劣化により灯油が敷地内に流出した。30数年前の完成検査以来、漏洩配管の取り換えをしていなかった。

築30年経過前に老朽化一斉点検を

　腐食等の劣化による事故を見ると、大半が築30年以上のものばかりです。県全域の危険物製造所等を対象に、施設の築造年数と腐食等の劣化による事故の関係を見ると、築30年経つと流出事故が急増していることが明らかでした。

　自社内だけに目を向け、「交換しなければならないと定められているが、流出事故は起きていないし、交換しなくてもいけるはず」「異常は認められたもののなんとか作業が続けられるだろう」と危険が軽視され、流出事故を招いてしまっています。

　このような流出事故を次から次へと見ると、「本当に危険物を取り扱っているのか?」「水と思っていないか?」と思えてきます。

　毎日、危険物を取り扱っている方から見ると、慣れてくると、それほど危険な物を扱っているという意識が低くなってくるのでしょう。

　本来、築造後30年を経過する前に、施設の老朽化一斉点検を行い、腐食等が認められる物は交換していかなければなりません。お金がないからできないというのは、とても許されるような施設ではないはずです。

注油中の作業員の行動に起因する事故

　次は、注油中の作業員の行動に起因する事故です。

【事例4】

　固定注油設備のノズルをタンクローリーのマンホールに固定して注油を開始し、オートストップ機能のノズルであったためその場を離れたが、オートストップ機能が作動せず、マンホールから軽油約800ℓが流出した。

【事例5】

　地下貯蔵タンクマンホール直上の注入口に、タンクローリーからの注入ノズルを緊結せずに挿入して注油作業を行ったところ、注入ノズルが注入口から外れ、重油が約20ℓ流出した。

【事例6】

　タンクローリーに注油作業中、他の作業のためその場を離れたことにより、タンクローリーのマンホールから灯油800ℓが流出した。ノズルに備わっているオートストップ機能が、差し込みが浅く正常に作動しなかった。

オートストップ機能が
働かず軽油が流出

オートストップ機能が正常に作動していない

　こちらは、マンホール等に注入ノズルを取り付けて注油を開始して、その場を離れたことにより流出事故が繰り返し発生しています。安全装置のオートストップ機能が正常に作動しなかったり、注入ノズルが外れたりしたものです。

　やはり、流出事故がほとんどない自社だけに目を向けると「注油中はその場を離れてはいけない。何が起こるかわからない」という気持ちにはなりにくいのでしょう。数多くの事故事例を見れば、注油中の流出事故が後を絶たないこと、その原因の多くがオートストップ機能が正常に作動しなかったことであることがわかり、オートストップ機能があっても持ち場を離れることがいかに危険か理解できるのではと思います。

　安全意識を高めるためには、「これほどまでに繰り返し発生しているのか」と思わせることが有効です。

28. 認知バイアス

認知バイアスとは

　認知バイアスとはどのようなものでしょうか。この言葉を分解してみると、認知とは、目の前の実態を認識することです。例えば、車の運転であれば、交差点の信号が赤に変わったことを認知する。つまずきによる転倒災害を防ぐためには、段差、床に置かれた荷物など、目の前のつまずくものを認知する。他方、バイアスとはかたよりのことで、認知バイアスとは、先入観、思い込みなどにより目の前の実態が正確に把握できない、認知にかたよりができる、本来の姿とは異なった姿をとらえてしまうことをいいます。

都合のよい情報ばかりを取り入れる

　認知バイアスの例として、コインを投げ、5回連続、表が出た状況では、6回目を投げる前に、多くの場合、今後こそ裏が出るのではと、

裏が出る確率が50％を超えるはずという気持ちがわいてきます。しかし、実際は、表と裏が出る確率はともに50％と変わることはありません。5回連続で表が出たことで、認知バイアスが生まれたのです。

似たようなものに、Hello 効果（後光効果）と Devil 効果があります。Hello 効果とは、例えば、その人に秀でた特徴があると、それにより、その人の全部がよく見えるというものです。一方、Devil 効果は、その逆で、その人に悪い点があると、それにより、その人の全部が悪く見えてしまうというものです。ここにも認知バイアスが生じています。

　認知バイアスにより、自らに都合のよい情報ばかりを取り入れたり、そうではない情報には目を背けたりすることがあります。人間は合理的な生き物ととらえたいところですが、ときに、認知バイアスにより実態をゆがめ、非合理的な行動をとることがあります。

いろいろな認知バイアス

　認知バイアスには、過信、楽観、グループシンク（集団欠陥）、社会的手抜きなど、いろいろなものがあります。

○過信

　過信とは、自らの判断や行動は正しいと信じ、これを疑わないことです。このため、間違っていると指摘されても、それを受け入れることを拒みます。一般的に、人は実際よりも優れていると考えがちです。例えば、自分は賢い、テキパキと仕事ができる、高い能力がある、魅力的だなどと考える傾向があり、自分の実力を過大評価しがちです。過信により、実際よりも物事をうまくコントロールできると幻想を抱き、コントロールできないことさえも、コントロールできると錯覚してしまうことがあります。

○楽観

　過信の中には、楽観もあります。楽観視すると、ストレスを感じずに判断や行動をとることができますが、現場に潜むリスクを楽観的（事故なんか起きないさ）に過小評価してしまうと、思わぬ大きな災害を招くおそれがあります。

○社会的手抜き

社会的手抜きとは、組織やグループの中に身を置くと、その中でやらなければならないことがでてきても、他の誰かがやると思い、自分ではやらない、いわゆる手抜きが行われます。全員がこのような気持ちになれば、組織として問題がでてきます。

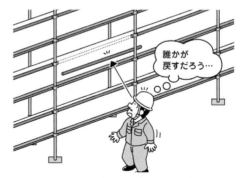

誰かがやるだろうと考えてしまう
「社会的手抜き」

○グループシンク

グループシンクとは、グループの結束が強すぎたり、意見をいいにくい雰囲気があったりすると、グループの中での決め事が、本当に正しいことよりも優先されてしまうようになることです。グループでの決め事に対し、うまくいかないリスクを十分に検討しないようになってしまいます。

【事例 スペースシャトル爆発事故】

グループシンクによる事故事例としては、40年近く前に起きたスペースシャトルの爆発事故があげられています。

1986年1月、NASAのスペースシャトル、チャレンジャーが発射直後に爆発し、乗組員全員が犠牲となった大変痛ましい事故が起きました。事故の原因はOリングの動作不良とされ、打ち上げ当日の極寒な環境下において、この動作不良は予見可能であったにも関わらず、予定どおり打ち上げが行われてしまいました。この背景にはグループシンクがあったと指摘されています。

NASAのシャトル打ち上げでは、シャトル製造に関わったメーカーすべての同意書が提出されなければ、打ち上げができないシステムが

採用されていました。Oリング製造メーカーは、極寒下での動作不良を予見していましたが、他社がすべて打ち上げ同意書を提出する中、自社だけが提出しないのはまずいと、打ち上げの延期を申し出ることなく、動作不良の危険を承知の上で同意書にサインをし、爆発事故を招いたとされています。

認知バイアスは危険軽視の原因となる

この認知バイアスの過信や楽観は、危険軽視の原因といえます。

人が「これくらいなら大丈夫」と、危険を軽視し不安全行動をする、いわゆるリスクテイキングする際には、その前に、リスクテイキングすることのメリットとデメリットを考え、メリットが大きいとリスクテイキングします。例えば、脚立から身を乗り出すような不安全行動の場合、身を乗り出して作業することのメリットとして、脚立から降りて、脚立を横移動させ、また登って作業するのは手間がかかるが、身を乗り出せば、速く作業を進められることがあげられます。逆にデメリットは、身を乗り出して作業した結果、脚立から墜落して被災することがあげられます。そして、このメリットとデメリットを比べ、メリットが大きいとリスクテイキングし、不安全行動が行われてしまいます。

脚立を移動する手間を惜しみ大ケガに

このメリットとデメリットを比べる際、過信（自分は大丈夫）や楽観（身を乗り出しても平気さ）などの認知バイアスにより、実態を正確につかむことなく、デメリットを過小評価してしまうのです。

　その他、グループシンクは、12の特性の集団欠陥（組織などの集団が、生産最優先、工期厳守など、安全確保は二の次のような目標を立てると、その達成のためには、不安全行動やむなしという雰囲気に陥ること）といえます。

認知バイアスと労働災害

　では、認知バイアスがどのように労働災害に関わっているのか、対策をどのようにとらえればよいか詳しく見ていきます。

○熟練者に多い「過信」

　過信は、自らの判断や行動は正しいと信じ、それが認知バイアスとなり、無理な行動をしてしまうことで、熟練者に多いといえます。

　現場の安全確保には、長年の経験を積み重ねた熟練者の活躍が不可欠です。ただ、過信による熟練者ならではの労働災害があることを忘れてはいけません。

　それは、現場の作業を熟知しているがゆえに、上に立つ者の責任感の強さも相まって、現場の進捗などに支障が出ると「早く支障を取り除かなければ」「解決策がわかっている自分がやる」という気持ちが大きくなり、「自分なら大丈夫」と、過信により不安全行動やむなしとなるものです。しかし、若い頃と比べ様々な心身機能は衰えており、それが原因で被災してしまいます。

　中堅作業者を30代、熟練者を50代とし、千人率の年代比較を行うと、50代は30代より大幅に高くなっています（図）。

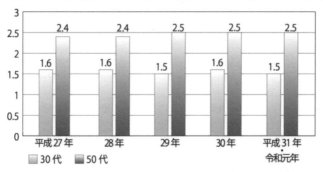

休業4日以上死傷災害年千人率の30代・50代比較（平成27年〜平成31年・令和元年）

資料：中央労働災害防止協会「安全の指標」（平成28年度版〜令和2年度版）

　30代と50代のこの差は、60代であれば定年・再就職のように働く場所が異なることも労働災害の原因として考慮する必要がありますが、心身機能の低下が主たる原因にとらえられます。労働災害に深く関わる心身機能として、バランス感覚、とっさの動き（反応動作）、視力、筋力（脚筋力、屈腕力、握力等）、柔軟性などがあげられます。

　過信して無理な作業に向かいやすい高年齢者は、心身機能の低下により被災しやすいといえます。

○「事故なんか起きないさ」と楽観してリスクを過小評価

　楽観は、作業を進めるうえで必要なものともいえます。楽観視すれば、ストレスを感じずに判断や行動をとることができ、作業の推進力にもなるからです。

　しかし、現場に潜むリスクを楽観的（事故なんか起きないさ）に過小評価すると、思わぬ災害を招くおそれがあります。

　典型的な労働災害の発生原因には、楽観バイアスが大きく関わっています。例えば、「つり荷の下に入らない」、「稼働する機械には近づかない」、「高所作業では安全帯を使用する」などの基本ルールを定め、それらの順守により現場の安全を確保しようとしても、楽観バイアスにより、つり荷の落下、機械へのはさまれ・巻き込まれ、高所からの墜落などのリスクに対し、「落ちてこないよ」「はさまれるわけがない」

「落ちないわ」などと過小評価してしまいます。交通事故の多くも、スピードの出し過ぎ、漫然運転、横着なハンドル操作などから不安全な運転が生まれるなど、楽観が原因とされています。

典型的な労働災害の背景にある「楽観バイアス」

これらの災害は、長年にわたり楽観により過小評価し続けた結果、現場の典型的な労働災害となったということができます。

一方、土砂崩壊、有害化学物質中毒等のような労働災害の場合は、それらのリスクを楽観視して被災することもありますが、それ以上に、それらのリスクがあることをわからずに被災することが多いのではないかと思われます。このため、対策の方向は異なり、リスクがわからなければ「そこにリスクがある」ことを教育することが重要になります。

○好都合な情報ばかり取り入れる

好都合な情報ばかり取り入れることも、認知バイアスにつながります。具体例としては、他人の不安全行動を見て、「あの人もやってるから、きっと問題ないはず」と認知バイアスが生まれ、自分も不安全行動を躊躇なく行うことがあげられます。

○社会的手抜き

社会的手抜き（組織内ですべきことがあっても、他の誰かがやると思い自分ではやらない）について、現場の安全活動に直結するものには整理整頓があげられます。作業をする者一人ひとりが率先して整理整頓に努めなければなりませんが、「後で誰かがやるから」という気持ちが芽生えると現場はすぐに乱れ、つまずく物が散乱してしまいます。

また、社会的手抜きは「開口部を開けたまま」のような不安全な状態の放置にもつながります。

○グループシンク

グループシンク（集団欠陥）になると、グループの目標（生産目標、工期など）の達成のためには、不安全行動やむなしという雰囲気に陥り、現場では誰も不安全行動、不安全状態の放置などを注意しなくなり、労働災害がいつ発生してもおかしくない状態となります。とても厳しい工期に間に合わせようとするがあまり、このような状態に陥ることがあります。

認知バイアス対策

ここまで、いろいろな認知バイアスによる労働災害を見てきましたが、認知バイアスによる労働災害を防ぐには、どうすればよいでしょうか。

認知バイアス対策としては、①バイアス（かたより）を正常な状態に戻すこと、②バイアスが生まれることを前提に対策を講じることの2つがあげられます。

○バイアスを正常な状態に戻す安全教育

このうち、①の対策は、不安全な状態に敏感になり、バイアスを生

み出さないようにすることです。そのためには安全教育が重要です。現場の典型的な労働災害を教育することにより、優先的に対策を講ずべき現場のリスクを顕在化させたり、ハシゴなどの用具、電動工具、手工具、保護具などは、正しく使用できるようにしたりすることが求められます。

○高年齢者には心身機能低下を自覚させる

　高年齢者の心身機能の低下にも対策が必要です。作業員一人ひとりに心身機能の低下を自覚させることが重要です。一人ひとりの心身機能の低下の把握は、先のとおり、厚労省「高年齢労働者の健康と安全の確保に関するガイドライン（エイジフレンドリーガイドライン）」の主要な視点でもあります。このため、職場などで体力測定を実施し心身機能の低下を自覚させることにより、心身機能に関するバイアスを正常な状態に戻します。過信を防ぐには自分を客観視することなのです。

○認知バイアスがあっても設備的対策が講じられれば

　一方、②の対策は、現場を安全な状態に保ち、認知バイアスにより不安全な行動が生まれたとしても、不安全な行動を労働災害につなげないようにすることです。高所作業で、安全帯を使用しない作業員がいたとしても、そこには、ネットや手すりを設けるなど、設備的な対策を講じて作業員を守ります。

○現場責任者のリーダーシップ

　バイアスが生まれることを前提とした対策には、例え過信しても楽観視しても、それらが不安全行動につながらず、いつも安全行動をし続ける現場を作ることがあげられます。そのためには、「守るべきルールは断固として守り抜く」というような緊張感のある現場が必要で、実現には現場責任者のリーダーシップが強く求められます。

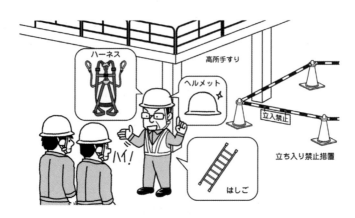

守らせ、守り抜くためのリーダーシップが重要

　「これくらいなら大丈夫」と楽観バイアスが芽生えてきても、「いやいや、この現場の安全ルールはちゃんと守らなければ」「あの現場責任者の指示に従わなければ」などという気持ちを抱かせ、安全行動に向かわせるようにするのです。

参考文献：樋口貴広「ヒューマンエラーの発生要因と削減・再発防止策　第 1 章第 1 節　情報処理とヒューマンエラー」技術情報協会（2019）

29. 脳の働きとヒューマンエラー

　ここでは、脳の働きをコンピュータの情報処理モデルを使って説明し、どのようにしてどのようなヒューマンエラーが発生するのかなどについて解説します。

情報処理モデルで脳の働きを見る

　認知心理学などでは、人間の脳の働きをコンピュータの情報処理モデルととらえ、脳の働きを明らかにしようとしています。
　コンピュータの情報処理は、「1.情報の入力」、「2.入力情報の処理」、「3.情報の出力」の3つのステップをとります。

情報処理モデルを用いた脳の働き

①情報の入力　　②入力情報の処理　　③情報の出力

認知　判断　行動などの選択

1. 情報の入力

　このステップを脳の働きにあてはめてみると、「1.情報の入力」では、目で見た物（視覚）、耳で聞いた音（聴覚）などの情報を脳に入力します。視覚、聴覚の他にも、触覚、嗅覚、味覚、平衡感覚などの情報があり、これらは感覚情報といわれています。

2. 入力情報の処理

「2. 入力情報の処理」では、感覚情報がどのようなものであったか認知します。目で見たもの、耳で聞いた音などから、「大きい」「長い」「重い」「固い」「バランスが悪い」「危ない」「こわい」など主観的なとらえ方をし、それに基づき、その状況を判断し、取るべき行動を選びます。

3. 情報の出力

脳の中で、このような認知、判断、行動の選択が行われ、その結果、「3. 情報の出力」で選択された行動がとられます。

【事例　車の運転】

これを車の運転を例にあげ説明します。

車を運転中、交差点への進入前に、信号が黄色に変わったとします。「1. 情報の入力」では、目で見た信号の黄色が入力されます。そして、「2. 入力情報の処理」では、黄色に変わった信号の情報に、交差点までの距離、車のスピードなどの情報を加えて情報処理を行い、アクセルを踏み続けそのまま交差点に進入するか、ブレーキを踏み交差点手前で止まるか判断して、どちらかの行動を選びます。そして、「3. 情報の出力」では、進むならアクセル、止まるならブレーキを踏むなどの運転操作（行動）が行われます。

このうち「2. 入力情報の処理」は、長年実践を積み重ねることにより、無意識のうちに行われ、それによりスムーズに行動することができます。

例えば、運転免許を取得して間もない頃の運転は、緊張により前方だけに注意が偏り、後方や側方など前方以外にまで注意を払うことが容易ではないと、「2. 入力情報の処理」がうまく行えないですが、運転を重ねるにつれ余裕が生まれ、側方や後方にも無意識のうちに注意を払うことができ、「2. 入力情報の処理」がうまく行えるようになります。

自動化する情報処理モデル

　このような自動化の情報処理モデルに Ramussen の SRK モデルがあります。SRK とは、Skill（スキル）、Rule（ルール）、Knowledge（知識）のことです。

　このモデルに基づけば、入力情報から何かを認知するのは、知識ベース（Knowledge-based）に基づく情報処理とされます。知識ベースとは、作業に関わる知識を使って処理することです。そして、経験を重ねることで入力情報を自動的に認知できるようになると、手順などに従えば誰もが同じように情報処理できるルールベース（Rule-based）に基づくものになります。

　さらに経験を積み重ねると、身体に染み込むような熟練した情報処理ができるスキルベース（Skill-based）となり、情報が入力されると、即座に無意識的に判断されて行動が選ばれ、行動するようになっていきます。

　一つの作業が無意識的に行えるようになると（作業の自動化という）、一度に複数作業を同時に行うことができるようになる、いわゆるマルチタスクができるようになります。

無意識のうちに作業を行う

　コンピュータの情報処理モデルに基づけば、慣れている作業が無意識のうちにでも行えるのは、何度もそれを行うことにより、プログラムのような記憶媒体が形成され、一部の情報処理が自動化されたためと考えられています。

　熟練による作業の自動化は、次から次へとてきぱき作業を進める上でとても重要です。しかし一方で、それは、作業を形づくる一連のプロセスに注意を向けなくなることになりますので、その結果、思いもよらないミスにつながることに留意が必要です。

　心理学の研究では、「注意が向いていないものは、意識しない、見

えない」ことが明らかにされています。

注意が向いていないものは見えない

P.59で紹介したとおり、心理学者が講師を務める講習会において、バスケット選手数名によるパス交換の様子がスクリーンに上映される中、受講者は、パス交換回数を数えることに一生懸命になれば、途中、黒い着ぐるみの大きなクマがスクリーンを横切ったことに、誰も気づかない。

これは「注意が向いていないものは、意識しない、見えない」の好事例といえます。

パス交換にばかり注意が向いて熊に気がつかない

このように、目の前で起きていることであっても、そこに注意が向けられなければ意識にのぼらない現象は、インアテンショナル・ブラインドネス（inattentional blindness）といわれています。

不注意による労働災害は、まさにこのことです。

熟練者が無意識のうちに進める作業の落とし穴

以前、大手ハウスメーカー10数社で発生した労働災害のヒューマ

ンエラー分析をしたことがあります。それぞれの労働災害の発生原因が、本書で紹介するヒューマンエラーの原因となる人間の 12 の特性のどれにあてはまるのか分析したところ、「不注意」による労働災害は「危険軽視」に次いで多く、この 2 つは合わせて 6 割余りを占め、とても多発していました。

【事例　開口部からの墜落】

　最近の死亡災害事例を見ても、開口部があることを承知の上でその横で作業を始めますが、作業に意識を傾けるうちに（当然のことですが）、開口部の存在を忘れて墜落しています。

【事例　高所作業車でのはさまれ】

　また、信号機、鉄骨、橋桁などの修繕をするために、高所作業車のボックスに乗り、その中で下を向きながらブーム操作をしていると、背後にある信号機などに意識が向けられなくなり、それにはさまれるような死亡災害も数多く発生しています。

　これも、ボックスの中でブームを操作すれば、ブームが右へ左へと動く中、車体の安定に注意を払わなければならず、自ずと車体をみながらの下向きの操作となり、背後に意識が向けられず、信号機などの修繕作業というそれらの存在を重々承知しているにもかかわらず、それらにはさまれてしまうのです。

　このような死亡災害があまりに多いことを十分に理解しなければなりません。

ケアレスミスのメカニズム

　行動するための脳の働きが自動化されれば、経験不足によるミスは少なくなります。しかし一方で、自動化されそこに注意を向けなくなる結果、ミスを犯すことがでてきます。ケアレスミスがその一つです。

　身近な例では、帰宅しドアのカギを開けようとし、間違って電車の定期券を出すようなミスがあてはまります。

また、エレベーターで、友達との話に夢中になっていると、途中の階でドアが開いたとき、思わず降りてしまうようなこともあげられます。

　これらは、その場面に遭遇したら、自動的にいつもの行動をとる。そのいつもの行動が、ポケットに手を入れる、エレベーターから降りることまでで、ポケットに手を入れ中のカギを取り出す、ボタンを押した階でエレベーターから降りることまでになっていないと、このようなケアレスミスが生まれます。

　降りる階のボタンを押して乗っていると、ドアが開くのを待っている状態（トリガー状態とよばれる）であり、そのような状態では、途中の階のドアが開くと、思わずドアを降りようとしてしまうのです。

熟練者に多い墜落災害の特徴

　熟練作業は、無意識のうちに手先や身体が動き、いわば自動化されたプログラムのようです。この自動化されたプログラムはスキーマといわれ、熟練作業による様々なエラーにつながるとされています。

　熟練者に多い墜落災害には、低所からの墜落災害があげられます。ハシゴ、脚立、脚立足場の上での作業、トラック荷台上での作業は、熟練者が多い50代は、30代と比べ墜落災害の発生割合が高くなっています。

○墜落災害事例

　労働災害事例としては、以下のとおり、低所から降りるときの墜落が目立ちます。

【事例　ハシゴ】

・2階から荷物を持って降りる際、ハシゴに足を掛けバランスを崩し墜落した

【事例　脚立】

・脚立の位置を変えるため、脚立から降りる際、下から2段目を踏み
　はずして左足かかとを床に強打した

【事例　脚立足場】

・脚立足場上での作業を終え、そこから降りる際、踏みさんを踏み外
　して墜落し、勢いがつき近くの作業台に右脇腹を強打した

【事例　トラック荷台】

・トラック荷台の積み荷の上から降りようと、あおりの上に足を掛け
　ようとしたところ、滑って足を踏み外し、荷台の内側に足をついた
　が、身体の重心が荷台の外側にあったため、足をひねりながらトラッ
　ク荷台外側に墜落した

地面にばかり意識が向き、足元のアオリを踏み外す
（アオリに乗ってはいけない）

○低所からの墜落の原因

　ハシゴ、脚立のほとんどは踏みさん幅が狭く、トラック荷台のあお
りも幅が狭いため、地面や床など最終的に降りる場所に意識が向けら
れ、足元に意識が向けられないと、そこにうまく着地することができ
ず墜落してしまいます。

カッターナイフの切創も同じ

　カッターナイフによる切創災害は、カッターの刃への意識が十分に向けられないことが原因に考えられます。例えば、「作業場でゴムをカッターで切ろうとしていて、カッターに体重を乗せたときにカッターが滑ってしまい親指を切った」という労働災害がありますが、ゴムの切断作業が、日常的な業務であれば、その原因は、カッターの滑りに注意することに意識が向けられなかった可能性があります。

指差呼称の効果的な実施

　熟練作業者による作業の自動化による労働災害防止対策として、代表的なものに指差呼称があります。注意すべき対象となる物に向けて指を差し、「○○よし！」と声を出すことにより、確実にそれを確認するものです。

　芳賀繁先生の著書「失敗の心理学－ミスをしない人間はいない－」（2004）によれば、指差呼称の有効性は次のとおりです。

　　・計器などの表示や状態を間違いなく読み取る
　　・これから操作するスイッチを他のものと間違えないようにする
　　・操作後に操作の意図どおりの結果となったことを確かめる
　　・作業マニュアルやチェックリストの内容を確実に理解する（頭に叩き込む）

　ただ、指差呼称もなんとなく行っていては効果がありません。指差し呼称の行為が自動化されるだけで、注意すべき対象物への意識が高まりません。

「なんとなく」の指差呼称ではダメ

このため、対象物の存在、危険などを十分に意識して指差呼称することが重要になります。

作業手順の見直し

また、定められた作業手順を見直すことも必要になります。

よく作業手順が守られず、一部省略され作業が行われることが課題にあげられますが、作業手順に慣れ作業の自動化が進むことにより、手順が守られないことがあることに留意しなければなりません。熟練作業者が陥りやすい点といえます。

情報処理の自動化リスクを理解する

ここまで、脳の働きを情報処理モデルを使って説明してきましたが、このように、人間の脳は、情報を自動化して処理するようになり、それは作業の円滑化をもたらすものの、一方で、自動化によるリスクが生じることを理解し、このことを踏まえた安全対策が必要となります。

【コラム 14】箱根駅伝でのヒヤリハット

　"一年の計は元旦にあり" といいます。これは、物事を始める
にあたっては、年の初めである元旦にきちんとした計画を立てる
ことが大切という意味です。事故防止を担当される皆さんは、今
年はどのような計を立てますか。そこで働く人達の安全の自主性
を促す計画が求められます。

　正月の一大行事といえば、箱根駅伝があげられます。今やその
人気はものすごいものがあります。その箱根駅伝で、平成 29 年、
ランナーがあやうく車と衝突するヒヤリハットが起きました。箱
根駅伝 2 日目の復路 10 区で、ランナーが日比谷交差点を渡ろう
としたとき、ワゴン車が停止せず、ランナーと衝突しそうになり
ました。警視庁によると、その交差点ではランナーの通過に合わ
せ断続的に車を止めていました。交差点の少し手前でランナーの
通過を確認した警察官が、交差点にいる警察官に無線連絡し、車
を止める手順でしたが、その連絡がうまくいかなかったことが原
因です。まさにコミュニケーションエラーです。このような所で
もエラーは発生します。事故防止の点からは、コミュニケーショ
ンエラーは必ず発生するものとして、交差点にいる警察官の目視
によるランナーの確認も組み入れるなど、多重防護の事故防止対
策が求められます。

30. ノンテクニカルスキル

ノンテクニカルスキルとは

　ノンテクニカルスキルとは、テクニカルスキル（作業を進める上で必要な技術や知識）とは異なり、作業状況に基づく意思決定、コミュニケーション、チームワーク、リーダーシップなど、現場を動かすために必要なスキルのことです。

　建設業などの労働集約型作業、突発的な非定常作業などは、人が作業の主役であり、複数の作業員でチームを組み作業が進められます。そこでは、臨機応変な判断と行動、作業員間の柔軟な連携を求められることが多く、適切な判断、適切な行動が必要となりますが、それらが適切でないために発生するヒューマンエラー災害を防止するために重要なスキルとされています。

　化学プラントでは、基本ルールが守られない、安全上必要なことが言い出せないなどコミュニケーションがうまくとれないことにより、プロセス事故（化学物資の異常反応による急激な圧力上昇、温度上昇による爆発、火災）が発生しており、ノンテクニカルスキルの向上が求められています。

　安全に作業を進めるためには、作業内容や作業環境に潜む危険を十分に認識し、「そこで危険に出会うかも」と用心深さをもつことが重要です。安全工学会がとりまとめた「平成 25 年度現場保安力維持向上基盤強化事業報告書」では、現場保安力維持向上のための安全教育の好事例が紹介されていますが、そこではノンテクニカルスキルを向上させ、危険源に対する想像力を養うなど、安全志向型の人間育成が教育の目的となっています。

　2002 年、ノーベル経済学賞を受賞した心理学者 Daniel Kahneman は、ベストセラー著書「Thinking Fast&Slow」にて、人間の思考には、

即断するファスト経路と、じっくり考えるスロー経路の2つのパターンがあるとし、前者の即断するファスト経路は、限られた情報だけで結論に飛びつく傾向があり、「見たものがすべて」とか「直感的」な考えをしやすく、ときに、それが間違った思い込みにつながり、大きな事故を引き起こす原因とされ、ここにもノンテクニカルスキルの向上が求められています。

ヒューマンエラー災害防止に必要なノンテクニカルスキル

　ヒューマンエラー災害を防止するために必要なノンテクニカルスキルには、以下のようなものがあげられます。

　ヒューマンエラー災害防止に必要なノンテクニカルスキル

> 1. 状況認識
> 2. 意思決定
> 3. コミュニケーション
> 4. チームワーク
> 5. リーダーシップ

1. 状況認識

　状況認識は「情報収集」「状況理解」「先の予測」の3つから成り立ちます。

○情報収集

　作業員は、作業中、自らに忍び寄る危険がないか、作業内容、作業環境などから情報を収集します。
　危険な情報を収集する際の主たるエラーには、自分の身にどのような危険が襲ってくるのかよくわからず、このため、必要な情報が収集できないことがあげられます。

脚立や荷台など低所の危険がよく分からない

　高所からの墜落であれば、その場に手すりがない、ネットがない、足元が不安定でバランスが取りづらいなど、墜落の危険情報は、比較的収集しやすいですが、脚立、トラック荷台のような高所ではないものの、そこに乗らないと作業ができない場所では、作業状況を見ても、低い所であるため墜落の危険情報というものがよくわかりません。

　この場合、過去の低い所からの墜落災害を学ぶ必要があります。そして、過去に、脚立、トラック荷台などからの死亡災害があまりに多いこと、その墜落高さは、0.9m、1.2m など、低い所からの墜落でも死亡災害が多発していることを理解します。そして、災害防止には、脚立上、トラック荷台上での正しい作業方法を理解し実践することが必要となり、例えば、脚立の場合、「天板の上に乗ってはいけない」、「身を乗り出して作業しない」、「脚立を背にして降りない」、「物を持って昇降しない」などの基本ルールの順守を理解します。

　このように、的確な情報収集を行うためには、過去の労働災害発生状況などの教育が重要となります。また、このような安全教育は、次の「状況理解」、「先の予測」、「2. 意思決定」において、正しい理解、正しい予測、的確な意思決定をするためにも重要になります。

過去の災害事例などの教育が重要に

○状況理解

　収集した情報から、自らが置かれている状況を理解し、今の作業内容、作業環境において、危険が忍び寄るかどうか見極めます。その際、正しく見極めることができるかがポイントです。例えば、楽観（きっとうまくいく）、過信（自分は大丈夫）などの認知バイアスにより、情報をゆがめて正しく見極めできないおそれがでてきます。

○先の予測

　今の状況を正しく理解し、それを踏まえ、将来の危険を予測します。また、過去の経験に基づき、今の状況がどのような危険につながっていくか予測します。

状況認識がうまくいかない

　状況認識がうまくいかないケースには、収集した情報があいまいであったり、収集した複数の情報に食い違いがあったりして、答えが見いだせないことがあげられます。また、自分の考えに固執し、それが

バイアスとなり、収集した情報を客観的に分析できない、収集した情報に疑念を抱くことなどもあげられます。

2. 意思決定

状況を認識したら、それに基づき意思決定を行います。
意思決定の方法には以下の4つのタイプがあげられています。
○直感（認識）主導型
○ルールベース型
○比較選択型
○創造的意思決定型

○直感（認識）主導型

過去の経験などに基づき、似たような状況を思い出し、素早く意思決定します。このタイプのメリットには、迅速に意思決定できることがあげられ、一方、デメリットには、認知バイアス（例：思い込み）が発生しやすいことがあげられます。

○ルールベース型

作業手順書、安全作業マニュアルなどに従い意思決定します。このメリットには、初心者に向いていること、作業手順などを知っていれば迅速に行動できることなどがあげられます。逆にデメリットは、作業手順書などを確認するために時間を要する、該当するルールがない場合、意思決定できないなどがあげられます。

○比較選択型

いくつかの選択肢を比較することにより意思決定します。よりよいものが選択できる、意思決定した理由を明確にできるなどのメリットがある一方、比較するなど意思決定に時間がかかるデメリットがあげ

られます。また、最初に思い浮かべた選択肢を選びやすくなるという心理的バイアスの影響を受けやすいことにも注意が必要です。

比較選択型意思決定

○創造的意思決定型

　意思決定の場面では、新たな第三の選択肢が出てくる場合も少なくありません。目の前にある選択肢以外の選択肢を生み出し、意思決定することを創造的意思決定といいます。

　これまでにない全く新しい対策を打ち出すという意思決定です。技術革新に伴い新しい安全対策が開発され、それを採用する意思決定もあてはまるでしょう。例えば、近年、例はまだ少ないながら、パワーアシストスーツを活用する現場がでてきましたが、重量物の持ち上げによる腰痛対策として、このスーツを導入するかは創造的意思決定といえるでしょう。ただ、このような意思決定にはかなりの時間を要します。

3. コミュニケーション

　ノンテクニカルスキルにはコミュニケーションをうまくとることもあります。

ヒューマンエラーの原因となる人間の12の特性の一つにコミュニケーションエラーがありますが、安全指示をうまく伝えられず、また、しっかり守ることができずに災害が発生しており、コミュニケーションをうまくとることが重要になります。

　指示がうまく伝わらない原因の一つに指示が一方的であることがあげられます。伝えただけで自己満足、指示を受ける側が指示の内容を全く理解できていないにも関わらず、それで作業が進められていく。

　また、指示があいまいであると、指示の送り手の意図がよくわからず、うまく伝わらないエラーが発生します。クレーンで資材搬入を行う作業グループに対し、「今日の玉掛け、しっかりたのむよ」とだけの指示は、これが指示なのかというようなあいまいな指示ですが、現場ではこのような指示が少なくありません。その作業グループには、複数の玉掛有資格者がいて、今日の作業は誰が玉掛け合図を担当するかもまだ決まっていない中、「玉掛け、しっかりたのむよ」といわれても…このような指示は伝わりようがありません。

　また、毎日、同じような作業が続くと、指示がマンネリ化し、うまく伝わらなくなってきます。

　どうすれば指示がうまく伝わるのでしょうか。現場責任者クラス対象のアンケート調査によると、安全指示をうまく伝えるための方策としては、「①指示が本当に伝わったどうか実際の作業を見て確かめる」、「②実際の作業場所で指示する」が、重要でかつ実現性が高い方策の上位２つでした。

　このうち、①は人間のやり取りにはエラーがつきものであり、言い間違い、聞き間違い、勘違い、思い込みなどにより、エラーの発生は避けられないことから、指示はうまく伝わらないことを前提に、本当に大事な指示は、実際の作業を見て確認するというものです。

　また、②実際の作業場所で指示するのは、例えば、朝礼の場で、指示を出す場合、指示を出す側が頭の中で描く作業イメージと、指示を受ける側のそれが一致していないと、指示がうまく伝わらないのはいうまでもありません。また、頭の中のイメージを事細かく言葉で説明

しようとしても、いたずらに時間がかかるだけで、指示を受ける側には余計に伝わらなくなってしまいます。人間は長い時間、話をきいても、覚えているのは最後のところだけで、時間をかけて詳しく指示してもあまり効果がありません。

　この課題を解消するためには、実際の作業場所で指示を出すことが一番です。実際の作業場所では、作業内容の対象物を指でさすだけで、指示を出す側と指示を受ける側の作業イメージは一致し、効果的な指示を出すことができます。

4. チームワーク

チームワーク向上は段階を踏む

　チームワークがよいと作業効率が上がり、安全確保も容易になることはいうまでもありません。

　具体的には、①効率的に作業を進めることができる、②組織として効果的に学習し持続させることができる、③みんなのため、組織のためという意識が高くなり、不安全行動を許さない雰囲気が生まれるなどがあげられます。

　チームワークを細かく見ていくと、チームのメンバーが互いに支援し合えること、うまく調整できること、円滑に情報交換できること、協調できることなど、チームワークがよくなれば様々なメリットを享受できます。

　チームワークの向上には、4つのステップを踏むといわれています。

Step1：チームが出来上がったばかりの段階。他のメンバーの言動や動向を気にして、身構えたり表面的であったりする。

Step2：チームで作業を進めていくうち、与えられた作業内容に対する不満、他者への不満、「こうすればよいのに」という現状の不満（問題）を表に出すようになる。顔に出さない人でも、内面に不満を持つ場合がでてくる。

Step3：このような段階を経ながら、表に出てきた問題を解消する努

力を続ける。

Step4：Step3 を続けるうちに、たとえ課題が解消されなくてもチームの中でその努力が見受けられるようになると、チームワークが形成され、定められた作業手順や、基本ルールの順守などが確実に行われるようになる。

5. リーダーシップ

　リーダーシップは、現場の安全を確保するためとても重要なものです。それは次の理由からです。

　安全な作業を進める上で特に重要なのが、定められた作業手順どおりに作業を進めること、安全の基本ルールを順守することです。ただ、現場には、効率的に進めることができない作業手順、いわゆる "面倒な" 作業手順があるのも事実です。例えば、足場が組み立てられたが、不便な場所に昇降階段が設置されたため、それを使うと遠回りになる。このため、「面倒だ！」と昇降階段が使われず、建枠をよじ登るような不安全行動が生まれてしまいます。

　安全の基本ルールにおいても、順守すると作業効率が落ちるのではというものがあります。代表的なものに、基本ルール「高所作業では安全帯を使用する」です。作業を進めるうえでは、安全帯を何度もかけたり外したりしなければならず、実際はそれほど面倒ではないのですが（作業性はほとんど落ちません）、それをしたことがない作業員がネガティブに想像を膨らませると、面倒に感じられてしまいます。

　そのような "面倒な" ことをいかに実施させるかは、責任者によるリーダーシップがとても重要になります。

　リーダーシップを発揮し、「常に安全と作業は一体で進めなければならない。そのために、定められた作業手順は守る、決められた安全の基本ルールは順守しなければならない」ことを徹底させます。それにより、作業員に「面倒だけど、責任者のいうことには従おう」という気持ちにさせなければなりません。

事故防止のためリーダーが率先してすべきことを以下に例示します。

事故防止のためにリーダーが率先すること（例）

安全に作業を進めるため、
・必要な情報をいち早く作業員に提供する
・作業内容、作業環境に問題がないか調べる
・作業員を指導する、教育する
・良好なコミュニケーションをつくる
・作業員の声に耳を傾け、現場の問題を見出す
・守らなければならないことを守らせる

　高いリーダーシップには、やる気、支配力、自信、粘り強さ、知力、仕事の知識量などが必要といわれています。

　リーダーシップは、作業グループの成熟度に応じてそのスタイルを変えるようになります。例えば、当初はリーダーが一つひとつ細かく指示をして、指示どおりできているか確認しながら、作業を進めていきますが、作業が順調になるにつれ、作業員にどんどん任せるようにしていきます。

ノンテクニカルスキルの向上策

○意見交換を中心とした演習を

　ノンテクニカルスキルは、状況認識やコミュニケーションなどがどのようなものか理解できたとしても、それで実践できるわけではありません。

　このため、ノンテクニカルスキルを向上させる教育には、意見交換を中心とした演習が必要

意見交換でノンテクニカルスキルを向上

になります。多くの人と意見交換することにより、人にはいろいろな意見、考え方があり、様々な見方、とらえ方があることを理解し、その上で自分はどうするかを考え、その考えをまとめます。そして、それを多くの人の前で発表し、それを聞いた人から意見をもらうと、自分の意見を確信できたり、よりよい意見をとり入れたりすることができきます。

　このように、ノンテクニカルスキルの向上のためには、演習がとても重要になります。

○現場の声を集めて問題を把握する

　1970年代半ば、航空業界では、航空機の事故の主たる原因が、故障などの技術的問題からヒューマンエラーにシフトしたといわれています。今では多くの産業で同様なことがいえます。

　ヒューマンエラー災害の原因にノンテクニカルスキルが関わるケースが数多く見受けられます。

　現場で起こっている本当のことは、現場の作業員しか知りません。そこには、現場の真実があります。それを把握し、解決策を打ち出し、現場で実施し、効果を出す。そのためには、状況認識、コミュニケーション、チームワーク、リーダーシップなどのノンテクニカルスキルが欠かせません。

　労働災害発生件数が下げ止まりどころか上昇に転ずる可能性がある現状、今後、労働災害を防止するには、現場の声を丹念に集め、今、何が問題なのか把握し、どのように解決すればよいか作業員と話し合い解決策を導くことが、ますます重要になっていくはずです。

参考文献：南川忠男「ヒューマンエラーの発生要因と削減・再発防止策　第3章第6節　ノンテクニカルスキルの向上でエラー防止」技術情報協会（2019）、工場サプリ　https://seisangenba.com/leadership-skill/（2020）

31. 現場の声をきけ！

【災害事例　車内で休憩中に CO 中毒に】

　以前、ある会社の建設工事の安全担当責任者から、発生した死亡災害の話をきいたことがありました。その死亡災害は、冬場の住宅街の夜間工事で、現場でジェネレーター（発電機）を使って作業していたときのことでした。

　その会社では、工事請負会社がジェネレーターを使用する場合、深夜ではかなりの騒音となるため、消音用のボックスを用意させ、その中にジェネレーターを入れるようにしていました。

　しかし、その日は、消音ボックスを忘れてしまいました。ただ、消音ボックスを忘れたとしても現場は作業を中止するわけにはいかず、消音ボックスの代わりに使用したのは車の中でした。車の中にジェネレーターを入れ消音させ作業を始めました。

　しばらくして休憩の時間になりました。冬の厳しい寒さに深夜の冷え込みが加わり、休憩では冷えた身体を少しでも温めたいところですが、周りには車中以外に暖を取るところはないため、ジェネレーターのある車の中での休憩を選びました。しかし、休憩中に一酸化炭素中毒になり、1 人が亡くなってしまいました。

車内にジェネレーターを持ち込んだことが原因で一酸化炭素中毒に

一酸化炭素は不完全燃焼で発生します。無色、無臭なため、発生しても気づくことができず、とても厄介なものです。

【災害事例　全国で繰り返し発生するCO中毒】

　建設工事では、一酸化炭素中毒による重篤な災害が繰り返し発生しています。平成28年末も、トンネル内の工事で一酸化炭素中毒による労働災害が立て続けに発生し世間を騒がせました。平成28年11月、山口県下松市では、トンネル内での作業中に作業員8人と救助に入った男性1人の計9人が一酸化炭素中毒で被災し、翌12月には、長崎県長崎市で、トンネル内の補修作業中、一酸化炭素中毒で4人が被災し、うち1人が亡くなるなど、わずか1か月余りのうちに13人も被災しています。

10数年ぶりに再発！

　この車内での一酸化炭素中毒による死亡災害は、実は、その会社が担当する工事で10数年前にも発生していました。同じように騒音がうるさいジェネレーターを車内に入れ、その車内で休憩時に暖をとっていて発生したものでした。

　このとき、死亡災害の再発防止対策として、ジェネレーター用の消音ボックスが考案され、それを現場で必ず使用するというルールが定められました。しかしそれから10数年が経ち、悲惨な災害が繰り返し発生してしまいました。

その間、消音ボックスを忘れたことはなかったのか

　ここで疑問が生じます。「果たしてこの10数年間、車内にジェネレーターを持ち込むことがまったくなかったのか」という点です。

　推測になりますが、このことについて考えてみます。ジェネレーターを使う際、消音ボックスは必ず現場に持っていかなければなりませんが、これまで忘れることはなかったのでしょうか。人間が行うことだ

から忘れることはあったはずです。もし忘れたならばどうなるのでしょうか。作業は中止になったのでしょうか。いや、作業は行われたはずです。そうであれば、車内にジェネレーターを持ち込むことはあり得ます。では、休憩時はどうなりますか。寒さが厳しければ、やはり車内で暖を取りたくなります。換気のために開けた窓は、あまり開けると寒気が車内に入り込んでしまうため、狭くなりがちです。一方、夏場であっても、熱帯夜などであれば冷房のきいた車内で涼むこともあり、開ける窓は、冷気が逃げる、虫が入ってくるなどで、やはり狭くなりがちです。

　このように考えると、10数年ぶりの死亡災害であっても、この間、消音ボックスを忘れ、ジェネレーターを車内に入れたまま、その中で休憩していたケースがあったと考えてもおかしくないのではないでしょうか。消音ボックスを忘れたという声が現場から上がっていれば、何度もそのようなことが上がっていれば、新たな対策の必要性が高まっていたかもしれません。

　現場の安全対策は、「人は忘れることがある」「人は危険を軽視することがある」「人は注意力に限界がある」。このような人の問題を正面からとらえ、あれこれと対策を講じることが必要です。そのためには、現場の声をきくことです。なぜなら、現場で起こっている本当のことは、現場の作業員しか知らないからです。

作業員の声をきけば本当のことがわかる

　作業員の多くは現場のことをあまり語りたがりません。昔堅気の職人は多くを語らないのをよしとします。また、現場のことを話すのは、ときに自分に跳ね返ってくる（自分の失敗を叱責される等）おそれがあり、よいものではないという気持ちを抱くことも理解できます。

　30数年前、私がゼネコンに勤務し、建設現場に配属されていたときのことです。そこでは宿舎生活でした。隣に出稼ぎの職人さん達の宿舎がありました。当時、まだ駆け出しで、現場のことがよくわから

ない中、工事を進めるには職人さん達の豊富な経験を頼りにしたいところでしたが、職人さん達は、「それは自分で考えなさい」と、現場では距離を置かれる日々が続きました。

　ある日のことです。仕事を終え宿舎での夕食後、ある職人さんに、部屋での飲み会に誘われました。青森出身の元漁師の職人さんでした。部屋には、ホッケの燻製がたくさんあり、それを肴に美味しい日本酒をいただきました。その宴がお開きになり、「また来いよ」という言葉に甘え、その日からほぼ毎晩、そこの部屋に入り浸りました。1か月ほど経ったある日、酒の席で、その職人さんは自分のことを語り始めました。漁師だった頃の話、なぜ今、ここで働いているのかなど、身の上話を語り始めました。親交が深まったのでしょうか。さらに、今の現場の話、現場で起こっている安全上の問題、他の職種の問題、"俺ならこうする"という改善策まで語り始めました。それらの問題は、まさに核心をついたものばかりでした。「でも俺は、どうすることもできないし、することもない。他の職種の問題はここだけの話。波風を立てるわけにはいかない。一日中現場にいれば、いろんなことが起こる。安全の問題はよく起こる」などと話してくれました。

現場の声に安全を考えるカギが

　このような貴重な声を吸い上げることができれば、現場の安全は格段によくなると強く思います。
　現場で起こっている本当のことは、現場の最前線で働いている作業員の方しか知りません。それは当然のことです。その声をきく努力を惜しまないことが大切です。

32. 基本ルールを守り続ける
現場をつくるためには

基本ルールが守られず災害が繰り返す

　毎年6月、7月は、全国安全週間に合わせ、多くの会社が安全大会を開催し、その様子が各種業界紙を賑わせます。そこでは、「基本ルールをいかに守らせるか」を主テーマとするところが数多く見受けられます。

　事故防止の基本は、まず「危険な作業は排除する」、次に「工学的対策」、いわゆる安全設備面の対策です。しかし、現場では、何から何まで安全設備面の対策を講じることは難しく、それを補うため、安全の基本ルールを設け、その基本ルールをしっかり守らせることが重要な事故防止策になります。

　基本ルールを守り続ける現場をつくるには、どうすればよいのでしょうか。

なぜ基本ルールが守られないのか

　現場には様々な安全の基本ルールがあります。例えば、「a.（墜落防護措置がない）高所作業では安全帯を使用する」「b. 重機の作業半径内は立入禁止」「c. 機械は停めて清掃・点検作業を行う」「d. 常に現場の整理整頓を行う」。しかし実際には、危険が軽視され、これらの基本ルールが守られないことが少なくありません。「（a. 墜落のおそれがあっても）これくらいの高さなら安全帯をしなくても大丈夫、大丈夫」、「（b. 立入禁止にも関わらず）中に立ち入っても平気さ」、「（c. 機械清掃作業では）機械を停めずに作業してしまえ。この方が早く終わる」「（d. 整理整頓のはずが）しなくても事故なんか起きないよ」など…このように基本ルールが守られず、その結果、同じような災害

が繰り返し発生しています。なぜ基本ルールは守られないのでしょうか。

○面倒だから

その原因として、まずあげられるのが「面倒だから」です。「安全帯をかけたりはずしたりするのは面倒だ」「立入禁止エリアを通れば近道できる、遠回りは面倒だ」…このようなルール違反者には厳しい指導が必要となりますが、一方で、人間は効率的に物事を進めようとする本能（近道・省略行動本能）があり、面倒な基本ルールは守られにくいことを理解し、それを踏まえた対策を講じる必要があります。

○早く終わらせるため

次が「早く終わらせるため」です。「決められた作業手順に従えば、今日中に作業が終わりそうもなく手順を省略してしまう」「故障した機械の修理を少しでも早く終わらせるため、機械を停めずに修理する」…「早く終わらせるため」というのは、現場にとって"よかれ"のときが多々あります。このため、基本ルールを守らずに事故が起こっても、周りは「しかたがない。現場にとって"よかれ"と思ってしたことだ」と同情する声もでるなど、そこには基本ルールを守らせにくい背景が存在します。

○基本ルールを知らない

そして「基本ルールを知らない」ことも少なくありません。基本ルールの周知が十分ではなく、例えば、電動丸ノコでは、軍手は巻き込まれるので着用してはいけませんが、それを知らないと、素手より軍手を着用した方が手を守ってくれると間違った判断をすることになります。

○守ることが難しい基本ルールがある

また、現場では守ることが難しい基本ルールがあることも事実です。

・数が多すぎる

私の所に、現場の安全相談に来られる方がいますが、その多くは、「現場で基本ルールが守られなくて困っている」です。そんなとき、必ず尋ねるようにしているのが、「守らなければいけない基本ルールはどれくらいあるのですか？」です。そう質問すると、多くの相談者は、答えに困った表情をします。さらに、こう続けます。「守らなければならない基本ルールは 100 も 200 もありませんか？」「たくさんあれば、一度にすべてを守ることは難しくはないですか？」……。

基本ルールを定める場合、それを守る人達のことを考えなければなりません。一度に山のような基本ルールを押し付けるのではなく、絞り込みが大事になります。まず、これだけは必ず守ってもらうという最優先の基本ルールを選び、それを守らせることに全力を尽くす。そして、それが当たり前のように守られるようになってきたら、その次に守ってもらいたいものを守らせることに注力する。このような段階的な取り組みが求められます。

・守りたくても守れない基本ルールがある

また現場では、守りたくても守れない基本ルールも見かけます。代表的なのは「○○に注意」です。例えば、つまずいて転倒することを防止するための基本ルールに「足元に注意して作業する」があります。しかし人間の注意力には限界があります。注意力に限界のある人間に対し、四六時中、足元に注意を払うことはできません。さらに、そこでは作業をしています。作業に集中すれば、足元に注意を払い続けることは不可能といえるでしょう。

このように守りたくても守ることが難しい基本ルールがあることを十分に理解し、自らの現場の基本ルールを総点検し、いつでもどこで

も守り続けることができる基本ルールとすることが重要です。

基本ルールを守らないと…

　ある大手住宅メーカーの現場監督から、「設備工事業者の一人親方がどうしてもヘルメットをかぶらない。どうすればよいか」と質問を受けたことがあります。皆さんはどのように答えますか。この場合、"どうすればよいか"の前に、どのような悪影響を及ぼすかを考えることが必要です。たった1人の不安全行動が、その現場全体にすぐに伝染します。その現場は"集団欠陥"になり、危険を軽視しがちな作業員は、「基本ルール、わかっているが守らない」、「不安全行動やむなし」と暴走してしまうおそれがあります。

　そのようなことがないよう、現場責任者の安全を優先する態度、リーダーシップが重要になります。

「安全と生産は一体！」という信念が現場責任者に必要

　基本ルールを守り続ける現場をつくるためには、現場責任者が、「安全と生産（施工）は一体である！」、「安全と納期（工期）、ともに大事！」という強い信念をもつことが重要です。現場責任者が強いリーダーシップで現場を引っ張っていくと、たとえ、作業員が基本ルールを守ることが「面倒だ」と、危険を軽視したとしても、「面倒だけど、現場責任者のいうことはきこう」と基本ルールを守ろうとします。逆に、「生産（施工）1番、安全2番」、「納期（工期）1番、安全2番」としてしまうと、1番が満足にできなければ、誰も2番の安全のことまで考えなくなります。

　現場責任者が、常に「安全と生産（施工）は一体である」、「安全と納期（工期）はどちらも大事である」という信念を持ち続けると、いかに期日が迫っていても、いかに予算が限られていても、「なんとかならないものか」と、現場はみんなで考え抜こうとします。そこに、「創

意工夫」が生まれます。

　「安全と施工は一体である」を信念とする大手ゼネコンの現場所長に話を聞いたことがあります。その所長も最初からそうではありませんでした。若い頃、現場の工事担当のときは、頭の中は利益と工期がすべてだったそうです。現場の安全の問題を指摘されても、「うるさいな。そんなことに気を回していたら、いつまで経っても工事は終わらない」と思っていたそうです。その現場が終わり、次の現場は大きなダムの工事でした。そこで最初の1年は安全専任の担当になりました。毎日、現場の安全だけを見ることが仕事でした。そうすると、ほとんどの現場の安全確保は、時間も費用も大してかからない。日々のちょっとした事の積み重ねで十分できる。しかし、それができていないから安全が保たれないことがわかったそうです。そこでの経験により、いかなるときでも「安全と施工は一体である」という信念を持つことができたそうです。

　このような信念を持った人が現場にいると、現場の作業員の安全意識は否応なく高まることでしょう。

現場とのキャッチボールで基本ルールを固める

　ある建設会社では、「バックホウの右旋回禁止」という基本ルールを定めています。バックホウの運転席の右前方にはアームがあり、それにより死角ができるため、死角側への旋回はリスクが大きく右旋回を禁止としています。このような基本ルールを定め、それを徹底させることは、現場の安全に対する取り組み意識を高めることに効果があると思います。しかし、次のことが懸念されます。例えば90度の右旋回がダメだと、その場所にたどり着くため270度の左旋回をしなければならず、3倍も多く旋回することになります。それにより、作業効率が落ちたり、はさまれリスクが高まったりするおそれがあることに留意しなければなりません。

　現場が左旋回よりも右旋回の方がよいと判断した場合、それを安全

統括責任者に連絡し、安全統括責任者は、その現場で講じるリスク低減対策を確認した上で、右旋回を認めるような柔軟な対応も必要であると思います。

　なぜなら、そのような現場は、黙って右旋回で作業する可能性があるからです。その現場だけで秘密裏に右旋回で作業することは絶対に避けなければなりません。それが続いてしまうと基本ルールを守るという全社的な取り組みが一気にしぼんでしまいます。右旋回禁止という基本ルールを尊重しつつも、ときに、現場から左旋回よりも右旋回の方が適した作業もあるという声を上げ、その声に耳を傾け、その際は、右旋回のリスク低減対策を十分に講じつつ、右旋回で作業をする。

　「基本ルールが守れないときは声を上げる」このような取り組みが重要です。

　また、ある化学プラントでは、以前、プラント内で高速カッターを用いた作業で火災が発生し、莫大な被害をもたらしたことがありました。その会社は深く反省し、そのようなことを2度と起こさないため、社長自らがトップダウンで「高速カッター使用禁止」の基本ルールを新たに定めました。どこの会社でも使っている高速カッターを、その会社の現場だけが使用しない。ただ、これは「現場は考えなくていいから、とにかくこれを守りなさい」というような一方通行に陥るおそれがあり、現場の自主的な安全活動が損なわれることが懸念されます。

ときには現場からの声に耳を傾けることも必要

優先的に守らなければならない基本ルールは何か

　では、優先的に守らなければならない基本ルールには何があるでしょうか。真っ先にあげられるのが、重篤な災害を防止するための基本ルールです。ここでは、これまでの死亡災害発生状況を踏まえ、①墜落災害防止の基本ルール、②クレーン作業による災害防止のための基本ルールには何があるかを見ていきます。

○墜落災害防止の基本ルール

　墜落災害防止のための基本ルールは全部で5つあります。

基本ルール1「高所作業では、安全帯を使用する」

　墜落防止のための基本ルール、最初は「高所作業では、安全帯を使用する」です。墜落防護措置のない高所作業での死亡災害を防ぐには、安全帯の使用をいかに徹底するかに尽きます。

基本ルール2「決められた作業通路を歩き、昇降設備を使う」

　次は「決められた作業通路を歩き、昇降設備を使う」です。現場では「近道しよう」と作業通路以外を歩いたり、昇降設備を使わず建枠をよじ登ったりするような不安全行動を見かけます。ダクト上や手すりのない建築物の上を平気で歩く作業員もいますが、とても危険です。そこで立ちくらみがしたら、そのまま墜落です。決められた作業通路、昇降設備をしっかり設置し、それらを使うようにします。

手すりのない建築物の上はとても危険。安全な通路を使用すること

基本ルール３「開口部の周りを常に養生する」

　３つ目は「開口部の周りを常に養生する」です。手すりのない開口部からの墜落、作業で手すりを一時的に取外しているときに墜落、あるいは、別の場所で作業をしていた者が、そこにある開口部に気づかず、開口部が「落とし穴」となり、墜落災害が起こることもあります。開口部周りは常に養生しなければなりません。

基本ルール４「脚立は正しく使用する」

　次は「脚立は正しく使用する」です。脚立はその使い勝手のよさから、あらゆる作業で頻繁に使われます。脚立から身を乗り出したり、天板に乗ったりすると、バランスを崩し、墜落する災害が後を絶ちません。死亡災害があまりに多発しています。脚立の正しい使い方は、「天板に乗らない」、「身を乗り出して作業をしない」、「脚立を背にしておりない」、「昇降時は手をあけておく」、「反動の伴う作業では、またがずに片側に乗る」…などがあります。

基本ルール５「はしごは正しく設置し、使用する」

　墜落防止の基本ルール。最後は「はしごは正しく設置し、使用する」です。はしごからの墜落は、はしご昇降時と、はしご上での作業時での墜落があります。特に、高年齢者が心配です。高年齢者は心身機能の低下により、バランスを崩しやすく、落ちやすく、落ちたら負傷しやすいからです。はしごの正しい設置と使い方は、「はしごはしっかりと固定する」、「はしごの上端を床から60cm以上突出させる」、「はしご上での作業は原則行わない」、「物を持って昇降しない」…などがあげられます。さらに、靴底にドロが付着していると、はしごから滑り落ちやすくなります。靴底のドロはしっかり落とす必要があります。

○クレーン作業による災害防止のための基本ルール

　次は、クレーン作業による災害防止の基本ルールです。全部で３つ

あります。

基本ルール6「玉掛作業は2点づり、介錯ロープをつけ、地切りは確実に行う」

　最初は玉掛作業の基本ルールです。玉掛作業は、荷くずれによるつり荷の落下、つり荷が振れて、周辺作業員に激突…などの労働災害が多く見受けられます。

　災害防止の基本ルール、最初は「玉掛作業は2点づり、介錯ロープをつけ、地切りは確実に行う」ことです。玉掛作業のポイントは、玉掛技能講習を受けた有資格者が合図を行う、ワイヤーは2点づり、荷振れを抑える介錯ロープをつける、地切りを確実に行うことなどです。建設会社では、30cm荷上げしたところで、3秒間静止させ、作業員は荷から3m以上離れる、いわゆる3・3・3運動を推奨しているところが少なくありません。

基本ルール7「いかなる理由があっても、つり荷の下に入らない」

　次は「いかなる理由があっても、つり荷の下に入らない」ことです。この基本ルールを守れば、落下災害にはつながりません。最近のクレーン作業の死亡災害を見ても、「つり荷からクランプが外れた」、「つり具のシャックルが破断した」など、つり荷が落下したものが目立ちます。「ワイヤーは切れるもの」「つり荷は落下するもの」…このことを肝に銘じなければなりません。

基本ルール8「アウトリガーを確実に設置し、つる前につり荷の重さを確かめる」

　移動式クレーンなどの転倒災害も後を絶ちません。災害防止の基本ルール、最後は、移動式クレーンの荷下ろし作業では、「アウトリガーを確実に設置し、つる前につり荷の重さを確かめる」ことです。作業の際には、アウトリガーを十分に張りだし、アウトリガーの地盤養生

を行い、定格荷重を決して超えてはいけません。

基本ルールを守り続ける秘訣「現場のよい雰囲気づくり」

　基本ルールを守り続けるために忘れてはならないことがあります。
　長年にわたり、いろいろな方に現場の安全のポイントを尋ねてきましたが、誰もが重要と答えるのは「現場のよい雰囲気づくり」でした。ある電力会社の発電所長の話です。その電力会社には多くの発電所があるのですが、その所長の発電所は、何年もの間、事故がまったく起きていませんでした。ある日、関係者がその所長に「何か秘訣はあるのですか」と尋ねましたが、「特に何もしていない」との答えでした。「いやそんなことはないでしょう。本当に何もしていないのですか」と繰り返し尋ねたところ、「何もしていませんよ…していることといえば、毎日、現場で働く皆さんと会話しているくらいです」
　発電所の所長が、毎日、その現場で働く人と会話をしている。まさに「現場のよい雰囲気づくり」につながる取り組みです。そのように毎日の会話を続け、親交を深め、ある日、その所長が、朝礼などでマイクを前に「皆さん、事故防止のため現場の基本ルールを守ってください」と頼んだら……働く人たちは「この所長のためなら」と、基本ルールを守るモチベーションは否応なく高まります。

毎日の会話を続けることで良い関係が生まれる

事故防止には、まずは本質安全対策、工学的対策ですが、何から何まで、それらの対策を講じることが難しい中、それを補うため基本ルールを定め、それを守り続ける現場をつくることが不可欠です。そのため、短期的には、厳しい指導なども必要なときがあるとは思いますが、長期的には、働く人が自主的・自発的に基本ルールを守り続けることにつながるような現場のよい雰囲気づくりが欠かせません。

基本ルール順守の好事例

　ここまで、"基本ルールを守り続ける現場をいかにつくるか"をテーマに話を進めてきましたが、ここでは、実際に事業場の安全担当者が、基本ルールを守らせるための取り組みを行い、うまく守らせることができた好事例を2つ紹介します。いずれも製造業の事例です。

【事例1　継続的な粘り強い取り組み】
　最初はプラントの事例です。そこでは様々なトラブルが発生していました。数年間のトラブルを集計してみたところ、トラブルの原因はヒューマンエラーが約40％を占め、その内、約半分は禁止事項が守られないものでした。禁止事項は、「パイプを踏み台にしてはいけない」など、全部で20程ありましたが、作業員が「守らなくていいだろう」という危険を軽視する気持ちになり、守られないことが続発していました。
　そのような状況を踏まえ、安全担当者は、どうすれば禁止事項が守られるようになるか検討を重ねました。そして対策として、禁止事項を徹底させるため、すべての禁止事項を記載したポケットサイズのカードを作成し、それを作業員に配布しました。カードをポケット入れ、いつでもどこでも、それを見れば禁止事項を確認できるというものでしたが、失敗に終わりました。作業員の多くは、そのカードをポケットの中にしまい込んだまま、決して取り出そうとしませんでした。

このように安全対策を講じ、それが失敗に終わった場合、よくある
のが、「せっかくカードを配布したのにそれを活用しないなんて…作
業員の安全意識はその程度か」と、思うようにならない作業員を嘆い
て終わるケースですが、このプラントの安全担当者は、それで終わり
ませんでした。
　「なんとかして禁止事項を守らせることはできないか」と検討し直
し、次の対策として、すべての禁止事項をそれぞれイラストにし、禁
止事項が守られにくい場所、例えば、パイプを踏み台代わりにして作
業をしたくなる場所を見つけ出し、そこの人目につきやすいところに
イラストを貼っていきました。その結果、見事、すべての禁止事項が
守られるようになりました。

禁止事項　パイプを踏み台にしてはならない

　成功要因としては、禁止事項が守られにくい場所を見つけ、そこに
イラストを貼るなど、実態に応じたきめ細やかな点があげられますが、
それに加え特筆すべきは、このプラントでは、最初の安全対策「カー
ド」が失敗に終わっても、その後も、「なんとしてでも禁止事項を守
る現場をつくる」と、粘り強い取り組みを続けたことです。そのこと
がそこで働く人達の安全意識の向上につながり、「禁止事項を守るの
は面倒だ。」という危険を軽視する気持ちが湧いてきたとしても、「面
倒だけど、安全担当者がこれだけ熱心に取り組んでいる。決められた
ルールを守らなければ」と気持ちを入れ替え、禁止事項を守る行動に

向かわせたと考えられます。

【事例2　作業員の自主性を育む取り組み】

　次は工場の事例です。その工場では、「手を入れてはいけないところに手を入れた」、「高所作業で安全帯を使用しなかった」など、基本ルールが守られず、不安全行動による労働災害が多発していました。

　工場の安全担当者が集まり、このような不安全行動による労働災害の再発防止対策を検討しました。「新たな安全教育により現場の基本ルールを再度徹底させ、作業員の安全意識の向上を図る」。「現場の安全パトロールの回数を増やす」等が候補にあがりましたが、これまでにもこのような安全対策を講じてきたものの効果が長続きしなかったことを振り返り、「決められたルールを守らせるには会社側の押しつけではダメだ」、「作業員が自主的に安全活動に取り組むようなことを考えなければならない」などの声が上がりました。

　それらを踏まえ検討を重ねた結果、工場内の各職場のグループ（8人程）で月1回約30分の時間をとり、安全の話し合いを行うことにしました。テーマは「決められたことがなぜ守られないのか」。作業員が、本音で話し合い、そこで発言することにより、現場の安全を自らの問題としてとらえることを目指しました。

　しばらく続けていくうちに、作業員に安全意識が芽生えてきました。
　想像ですが、右のようなやり取りが考えられます。

作業員Ａ「なぜ、守られないのでしょう？」

作業員Ｂ「これくらいなら大丈夫だと思ってしまう」

作業員Ａ「それでいいのでしょうか？」

作業員Ｂ「それは…」

作業員Ａ「守らなくてもよいルールですか」

作業員Ｂ「いや、そんなことはない。守らなければならないと思
　　　　　う。ただ、早く終わらせなければならないときもあり、
　　　　　そのときは……」

作業員Ａ「急いで事故が起こってもいいのですか？」

作業員Ｂ「それはダメだ」

作業員Ａ「事故は絶対に起きないですか？」

作業員Ｂ「いや、絶対はない」

作業員Ａ「では事故防止のため、どうすれば守られるようになり
　　　　　ますか」

作業員Ｂ「一人ひとりが安全に作業しなければならないことを自
　　　　　覚する」

作業員Ａ「自覚できますか？」

作業員Ｂ「自覚しなければ……」

　その工場では、話し合いの場の他にも、作業員が自らの職場の安全
活動を自己評価する制度を設けました。安全活動を数値化し評価して
いくと、自ずと評価を高めようと改善に努めるようになります。そこ
が狙いです。

　このような作業員の自主性を育む取り組みは大きな効果が期待でき
ます。ただ、そこには、覚悟しなければならないことがあります。そ
れは時間がかかることです。話し合いの場を設けたとしても、すぐに
本音を話すことはありません。作業員が本音を語り始めるまでじっく
り待つ姿勢が必要になります。

33. 重点ＫＹ

　作業員が本音を語り始める。このことについて、10年程前、ある建設会社の協力の下、重点KY（危険予知）の実験をしたことがあります。重点KYとは、造語ですが、毎日同じテーマでKYを繰り返すというものです。重要なテーマを定め、毎日そのテーマでKYを繰り返すことから、このように名付けました。KYのルールとして、前日と同じ内容のKYをしてはいけないことを定めました。この実験により、重点KYに参加する作業員が、毎日どのようなKYを行うか調べてみました。

　実験の現場は、大規模集合住宅の外構工事におけるバックホウによる整地・敷き均し作業でした。KY参加人数は5名程。最初は、危険を予知する声は活発とはいえませんでした。KYでよく見受けられる普段から話好きな作業員が一方的に進めていました。数日間、そのようなKYが続きましたが、10日目になり、普段あまり話をしない作業員が「重機の作業半径内を立入禁止にするのはわかるが、その中を立ち入った方が近道なんだよな」と話し始めました。「どうしてですか？」「それは工具をとりにいくからさ。俺が使う工具は、あそこの収納ボックスまで取りに行かなければならない。あそこに行くには、作業半径内に立ち入れば一直線と近道なんだ」といいました。貴重な発言でした。なぜならこれに対しては、「作業員が重機の作業半径内に立ち入らなくてもいいような場所に、ユニック車を使って収納ボックスを移動させる」という容易に実行できる本質的な安全対策がすぐ出てきたからです。この発言が、不安全行動の撲滅に直結しました。

　現場の安全活動は、作業員の自主性を育むこと、そのためには粘り強さが必要です。

【コラム 15】繰り返し災害がまた繰り返される

　平成 29 年 10 月、またしても、一酸化炭素中毒による重篤な災害がニュースに大きく取り上げられました。しかも立て続けです。

　10 月 20 日、群馬県渋川市の取水トンネル内で、中にジェネレーターを置き、高圧洗浄機を使った清掃作業を行っていた作業員 3 人が一酸化炭素中毒で被災し、うち 1 人が亡くなりました。さらに、わずか 4 日後の 10 月 24 日には、東北中央自動車道中野トンネル作業横坑内で、照明等のためジェネレーターを稼動していましたが、換気が不十分であったため、休憩中の作業員 3 人が一酸化炭素中毒で被災しました。

　"空気が留まっている空間" では、その中のものを疑ってかからなければなりません。一酸化炭素の他にも、硫化水素、メタンガスなどの可燃性ガス、さらには酸素の欠乏など。過去にもこのような労働災害が繰り返し繰り返し発生しているのに、それらがまたしても教訓として活かされませんでした。どうして濃度測定を行わないのでしょうか。今では、ネットショップでクリックすれば、濃度測定器は手軽に入手できます。やむを得ず、中でジェネレーターを使う場合は、一酸化炭素中毒の怖さを十分に認識していれば、十分な換気、呼吸用保護具の装着、さらには作業中の継続した濃度測定が欠かせないはずです。

　皆さんは、このことをどうか忘れずにいてください。

34. 現場の安全意識向上方策
その1　作業員に法的順守義務と
　　　　　　　　　　過失相殺を教える

　基本ルールを守り続ける現場をつくるためには、作業員の安全意識をより一層向上させることが必要です。ここでは、以下のとおり、そのための5つの方策を紹介します。

その1　作業員に法的順守義務と過失相殺を教える

その2　事業者（雇用者）に四重責任を教える

その3　労働災害は、ときに莫大な経済損失を伴うことを教える

その4　現場の良好な人間関係を構築し安全意識を高める

その5　"安全の見える化"で安全意識を高める

ルールを守らないとペナルティが返ってくる

　基本ルールを守らせるためには、そこで働く人達の安全意識を向上させなければなりません。「安全意識を向上させるためにはどうすればよいか？」。これまでに多くの方からこのような相談を受けました。
　安全意識向上方策の一つとして、現場で働く人達に"あなた達には法的に守らなければならない義務があり、それを守らないと自らにペナルティが跳ね返ってくることがある"を教えることがあげられます。現場で働く人達の中に、このことを知っている人はあまりいません。それを知り自らにペナルティが跳ね返ってくることがわかれば、基本ルールを守る人が増えてくるのではないかと思います。
　ここでは、作業員の法的順守義務とペナルティとしての過失相殺について解説します。

損害賠償 8 割減額の事例も

　このイラストを見て何を思いますか。安全帯を使っていない明らか
な不安全行動です。もし墜落したら、高さが 2m 程であっても、打ち
所が悪ければ、死亡災害につながります。

イラストを見てどう感じますか？

　このような不安全行動により死亡災害となり、残された家族が損害
賠償を請求した際、その請求額が大きく減らされることがあります。
それが「過失相殺」です。

　「過失相殺」とは、事故の加害者だけでなく、被災者にも過失があっ
た場合、過失の大きさに応じ損害賠償請求額が減らされることをいい
ます。これは民法第 722 条に定められています。

　例えば、上のイラストのように、作業員が安全帯を使用しなければ
ならないのに、それを使わず、足場から墜落した場合、落下防止ネッ
トなどの「墜落対策」を講じなければならない事業者には、加害者と
して法違反が問われますが、一方、被災者にも、「安全帯を使用しなかっ
た」という過失があるため、ここに「過失相殺」が発生し、損害賠償
請求額が大きく減らされることがあります。

　過去の墜落災害事例では、「過失相殺」が 80％。つまり、被災者に
80％もの責任があり、損害賠償額はわずか 20％しか請求できなかっ
たものもあります。

安衛法26条は作業員の義務を規定

　労働安全衛生法は、その大半が、事業者に対し作業員の安全を確保するためにしなければならないことが定められていますが、第26条では、作業員自身が守らなければならない義務が定められています。もしその守るべき義務を守らずに、災害にあったり、他人を事故に巻き込んだりしたら、生活費や治療費に充てるためのお金が十分にもらえないどころか、罰金を払わなければならないケースもでてきます。

　具体的には次のとおりです。

```
・損害賠償請求額が減らされる
・労災保険給付額が減らされる
・他人を巻き込むと損害賠償を請求される
・国から罰金を請求される
```

　まず、先のとおり被災者の「過失相殺」により、損害賠償請求額が減らされることがあります。さらに、治療費などで支給される労災保険の給付額が減らされたり、他人を災害に巻き込むとその人から損害賠償を請求されたり、国から多額の罰金を請求されたりすることがあります。

　労働安全衛生法で定められている作業員が守らなければならない義務は、次の6つです。

```
1. 安全状態を保つ義務
2. 安全措置を講じる義務
3. 保護具の着用・使用義務
4. 危険行動の禁止義務
5. 無資格就労の禁止義務
6. 車両系建設機械運転者に関する義務
```

これから、一つひとつ見ていきましょう。

1. 安全状態を保つ義務

　現場では、作業員は常に安全な作業環境を保たなければなりません。作業員が守らなければならない義務、1番目は安全状態を保つ義務です。

　例えば、開口部から手すり、落下防止ネットなどを勝手に取り外してはいけません。作業のため、手すり、ネットを取り外さなければならないときは、作業前に許可を取ります。そして、作業が終わったらただちに元に戻します。

　現場では、いわゆる「4S」、整理、整頓、清潔、清掃に努め、廃棄物は決められた場所以外に捨ててはいけません。

　移動式クレーンのリミッター、グラインダーや電動丸ノコの安全カバーなどの安全装置は、勝手に無効にしてはいけません。

2. 安全措置を講じる義務

　2番目は安全措置を講じる義務です。作業員は、自分自身はもちろんのこと、仲間の安全を確保するため、様々な措置を講じなければなりません。

　次のような過失相殺事例がありました。

＜過失相殺事例＞

　作業員は、ダンプトラックの荷台で安全ブロックをせずに点検していたところ、荷台が落ちて負傷し、**40％の「過失相殺」**となりました。

受架台を使うべきだったのに……

　フォークリフト、ダンプトラックやバックホウなどの建設機械を修理・点検する場合、フォーク、荷台ショベル、アーム等が不意に落下する危険を避けるため、受架台、安全ブロックや支柱などを使用しなければなりません。

3. 保護具の着用・使用義務

　３番目は、保護具の着用・使用の義務です。保護具の使用を指示されているにもかかわらず、「作業の邪魔になるから」、「面倒だから」など、自分勝手な判断で、保護具を使用せずに作業をして被災した場合、作業員の責任は重大です。

　現場で使用する代表的な保護具には、ヘルメット、安全帯、手袋、安全靴、保護衣、保護メガネ、防塵マスク、呼吸用保護具、絶縁用保護具、耳栓などがあります。

　では、どのような場合に保護具の使用が必要とされるのか、具体的に見ていきます。

○安全帯

高さ 2m 以上の高所で作業を行うとき、安全帯の使用を命じられた場合、安全帯を使用しなければいけません。これは、高所作業車で作業をする場合も同じです。

安全帯を使わずに労働災害が起きた場合、被災者の過失相殺の割合は大きくなります。過失相殺事例は以下のとおりです。

＜過失相殺事例＞

足場の解体作業で安全帯を未使用。しかも指示を聞かず勝手な作業方法をとって墜落。死亡した作業員は、**60％の「過失相殺」**となりました。

○保護メガネ、呼吸用保護具、保護衣

粉塵が発生する場所での作業、有害物を取り扱う作業、暑い作業場所、寒い作業場所での作業などにおいて、保護メガネ、呼吸用保護具、保護衣等の使用を命じられた場合、作業員はそれらの保護具を装着しなければなりません。

○絶縁用保護具

高圧電源、高圧活線関連作業などで、感電防止のため絶縁用保護具の装着を命じられた場合、作業員はそれらを装着しなければなりません。

○防振手袋

振動障害のおそれがある作業で防振手袋の使用を命じられた場合、その指示に従います。

○耳栓

ひどい騒音で耳に障害のおそれがあるため耳栓の使用を命じられた場合は、作業員は必ず耳栓を使います。

4. 危険行動の禁止義務

　作業員が守らなければならない義務。4番目は危険行動禁止の義務です。

　「作業がしづらいから」などといった理由で、作業員がルールを無視して、近道・省略行動など、不安全行動をとることがあります。しかし、これらはルール違反。作業員には危険行動の禁止義務が課せられています。次のような信じられない過失相殺事例がありました。

＜過失相殺事例＞

> 　トラックの荷台からブルドーザーをおろす作業。オペレーターはエンジンをかけたままブルドーザーから降りたところ、ブルドーザーが動き出し、あわてて飛び乗ろうとし、回転中のキャタピラに足をかけ大ケガをしました。
>
> 　この運転手は、**80％**もの「**過失相殺**」となりました。
>
>
>
> 回転中のキャタピラに飛び乗ってしまう
>
> 　ブルドーザーなどの重機から降りるときは、いかなる場合でも、必ずエンジンを切る。これを徹底すべきです。

○昇降設備

　高さや深さが 1.5m を超える場所に昇降設備が設置された場合は、その設備を使って昇り降りしなければなりません。

○立入禁止

　関係者以外立入禁止に定められている場所には、関係者以外、誰も勝手に入ることできません。

○投げ落とし禁止

　高さ 3m の高所から物を投げ落とすことは、投げ落としても危険がない設備を設けない限り、絶対に禁止です。

○火気使用禁止

　可燃性の粉塵や火薬などの危険物があり、爆発、火災のおそれのある場所では、発火源となる機械、火気の使用は厳禁です。そのような場所では、爆発を防止する構造が組み込まれた電気・機械器具しか使用してはいけません。

　火気を使用したときは、火の始末を確実にします。また、火災予防のため、定められた場所以外での喫煙は厳禁です。

5. 無資格就労の禁止義務

○運転操作ミスも過失に

　5 番目は、無資格就労の禁止義務です。クレーンの運転など、法律で資格が必要と定められた作業は、有資格者が担当しなければなりません。現状、無資格者の運転による労働災害は後を絶たず、労働災害防止には、有資格者による運転が不可欠です。

　また、玉掛け、アーク溶接、酸素欠乏危険作業などは、特別教育修了者、または技能講習修了者など、有資格者でなければ作業すること

はできません。

6. 車両系建設機械運転者に関する義務

　建設機械による労働災害の原因を見てみると、運転者の操作ミス、安全装置の無効化、用途外使用などが数多く見られます。

　守らなければならない最後の義務が、車両系建設機械運転者に関する義務です。

　運転者は定められた制限速度を超えて建設機械を運転してはいけません。フォークリフトの運転者は、車両から離れるときは、フォークを地上に降ろし、車が誤って走り出さないよう、エンジンのスイッチを切り、ブレーキをかけ、カギは抜きます。

　「過失相殺」の事例を紹介します。

<過失相殺事例>

　堤防の拡幅工事。タイヤローラーを運転中、操作を誤り車体ごと堤防下に墜落し、運転者が死亡。この運転者は注意義務を怠った過失があったとし、<u>40%</u>の「<u>過失相殺</u>」となりました。

操作を誤り堤防下に転落

　運転者は、運転操作には細心の注意を払い、事故をおこさないように慎重、かつ冷静に安全運転することが求められます。

○誘導員、合図者の指示に従う

　次は、運転者が、誘導員や合図者の指示に従わなければならない義務についてです。

　バックホウ、ブルドーザー、ダンプトラックが輻輳して作業するときには、合図者、誘導員を必ず配置します。運転者、作業員は、合図者、誘導員の指示に従う義務があります。誘導員がいない場合には、互いに合図しあうことになっています。

　また、当然のことながら、合図者、誘導員にも、自分の安全を確保する義務があります。このため、合図者が、重機の作業半径内などの危険な場所に立ち入り、合図をすることは重大な過失になります。

　次のような「過失相殺」の事例がありました。

<過失相殺事例>

> 　バックホウで掘削作業中、ヘルメットをかぶっていない作業員が、合図を送らずにバックホウの作業半径内に勝手に立ち入り…そのとき、バケットの爪が、ガス管をひっかけてしまい、ガス管が飛び、作業員に激突してしまいました。
>
> 　作業員は、バックホウのオペレーターに操作中止の合図を送らなかったこと、さらに、ヘルメットをかぶっていなかった過失が加わり、<u>**60%の「過失相殺」**</u>となりました。
>
> 　重機の作業半径内に立ち入る前には、必ず合図を送り重機を止め、自らの身を守るようにしなければなりません。

「基本ルールを守る」をしっかりと

　安易な気持ちで不安全行動をとり被災してしまうと、「過失相殺」で被災者の責任も大きく問われてしまいます。

では、どうすればよいでしょうか。

　簡単なことです。" 現場の安全の基本ルールを守る " これだけなのです。作業員に対し、このことをしっかりと教育することが求められます。

35. その2 事業者（雇用者）に四重責任を教える

「安全よりも出来高だ」は間違っている

　安全意識向上方策の一つとして、作業員に対し「あなた達には法的に守らなければならない義務があり、それを守らないと自らにペナルティが跳ね返ってくるおそれがある」、いわゆる"過失相殺"を教えることを取り上げました。

　ただ、作業員の安全意識をいくら高めようとしても、その人たちの雇用者、すなわち事業者の安全意識が高くなければ話になりません。事業者が「安全よりも利益だ！」という間違った考えを持っていれば、作業員の安全意識は高まりようがありません。特に、建設業や製造業などの現場で、請負会社に仕事の一部を任せるときは、この請負会社（協力会社）の経営者の安全意識を高めることがとても重要になります。

　事業者（雇用者）の安全責任を以下に示します。

事業者（雇用者）が背負う四重責任

　ひとたび労働災害が発生すれば、好むと好まざるに関わらず、被災者の雇用者である事業者には、「刑事責任」「民事賠償責任」「行政責任」「社会的責任」の4つの責任が重くのしかかります。

災害が起こると事業者には
重い四重責任がのしかかる

1. 刑事責任

　労働災害を発生させると、まず問題になるのは、刑法の「業務上過失致死傷罪」と「労働安全衛生法違反」です。

○業務上過失致死傷罪

　業務上過失致死傷罪は、業務上の必要な注意を怠り、それによって、ケガを負わせたり、人を死亡させたりした場合に問われる責任です。

　その原因が労働条件や会社の管理体制などにある場合、現場の責任者である職長や事業者がその責任を問われます。業務上過失致死傷罪の罰則は、5年以下の懲役（刑事施設に収容されて身柄を拘束された上、刑務作業など労役の義務が科せられる刑）、もしくは禁固（刑事施設に収容されて身柄を拘束されるものの、労役の義務が科せられない刑）、または100万円以下の罰金と、大変重いものです。

【過去の判例】

　実際の刑事責任の判例を紹介します。

　プラント建設工事において、鉄板の下敷きになった作業員2人が亡くなり、1人が重傷を負う重大災害が発生しました。

　現場では鉄製ダクトの溶接作業を行っていました。地面に置いた1枚の鉄板の両側に2枚の鉄板を立てた状態で溶接していたのですが、それぞれが内側に倒れ、鉄板に補強剤を取り付ける準備作業中の3人が巻き込まれてしまいました。倒れてきた鉄板は地面に敷かれた鉄板に仮溶接で固定されていましたが、それでは耐えられませんでした。

　この重大災害に対し、警察は業務上過失致死傷罪の疑いで現場検証し、検察は「現場責任者だったにもかかわらず安全確認を怠っており、過失は重大だ」と、建設会社の主任技術者に業務上過失致死傷罪を求刑しました。

○労働安全衛生法違反

　会社経営者として知っていなければならないもう一つの法律が労働安全衛生法（以下、安衛法という）です。この法律は、職場における労働者の安全と健康を確保し、快適な職場環境を作るため、様々な規定が設けられています。

　例えば、安衛法では、つり上げ荷重 1t 以上の移動式クレーンの玉掛け作業には、玉掛技能講習を修了した者などを就かせることが定められています。このため、この講習を受けていない作業員に玉掛け作業を行わせ、つり荷が周辺作業員に激突し労働災害を発生させてしまうと、安衛法違反に問われることになります。

　その罰則は、特別なものを除き安衛法第 116 条から 122 条までにまとめられ、その違反者は懲役刑や罰金刑で処罰されます。安衛法による規定の大半がこの処罰の対象となっています。このうち一番重い罰則は、3 年以下の懲役または 300 万円以下の罰金です。非常に厳しいものです。

○両罰規定

　安衛法には両罰規定が設けられています。これは、事業者の代表である会社経営者が現場にいなくても、現場の責任者である職長に安衛法違反があれば、会社経営者にも、その責任が問われるというものです。違反行為者を罰するだけでなく、会社経営者にも処罰が課せられることになるのです。

　労働災害が発生すれば、会社経営者は「自分は知らなかった、現場の安全は職長に任せてある」では済まされないのです。

　業務上過失致死傷罪と安衛法違反。これらが事業者の刑事責任と呼ばれるものです。

2. 民事賠償責任

民事では高額な賠償金の支払いも

　労働災害を発生させると、被災者やその家族から民事上の損害賠償請求を起こされ、多額の賠償金を支払わなければならない事態に陥るおそれがあります。高額な損害賠償金の支払いは、会社の経営危機に直結します。

○不法行為責任

　作業員の生命、身体などに危険があることを知りながら、それを容認したり必要な安全上の注意義務を怠ったりしたときに問われる責任。それが不法行為責任です。

　例えば、バックホウによる掘削作業では、バックホウが作業員に接触するおそれのある場所には、立入禁止措置を講じるか、それができない場合は、誘導員などを配置し、作業員の安全を確保しなければなりません。

　しかし、これを行わず、作業員がその中に立ち入り、はさまれたり、バックでひかれたりするような災害が発生した場合、不法行為による損害賠償責任が追及されることになります。不安全状態や不安全行動を見過ごすことは、不法行為に直結します。

○債務不履行責任、安全配慮義務

　最近の民事訴訟で特に増えているのが債務不履行責任です。これは安全配慮義務と呼ばれ、「雇用者は雇用契約上の債務として労働災害の発生から労働者を保護する義務がある」というものです。

　安全配慮は、安全衛生に関する法律を守ってさえいればよいというものではありません。たとえ、明確に安衛法違反がなくても、その労働災害の発生が予見可能であり、防ぐことができるにも関わらず対策を講じなかった場合は、安全配慮義務違反として債務不履行による損

害賠償責任が課せられることになります。現場で、「ちょっと危ないな」と感じたとき、その場ですぐに労働災害防止対策を講じることが大切なのです。

日常の作業に潜む危険を見つけ、それに対する労働災害防止対策を怠ったときに問われる責任、それが債務不履行責任です。

【過去の判例】

実際にこんな判例がありました。

移動式クレーンを使った足場板の積み込み作業中、足場板が作業員に落下し、頚椎を骨折してしまうほどの重篤な災害が発生しました。現場では、玉掛に使用してはならない台付け用のワイヤーロープを使用して足場板の束をつり上げたところ、ワイヤーロープが荷重に耐え切れず抜けてしまったのです。

さらには、作業員が玉掛作業の資格を持っていないことを認識していたにもかかわらず玉掛作業をさせていたため、安全配慮義務を怠ったことと債務不履行の規定に基づき、現場責任者だった会社の代表が損害賠償額約1億7千万円を請求されました。

○使用者責任

作業員の過失や故意によって、他人を被災させた場合に問われるのが使用者責任です。

現場の外で一般通行人にケガを負わせたのが作業員でも、その損害賠償責任は雇用者である会社経営者にあります。

このような不法行為責任、債務不履行責任、使用者責任などを民事賠償責任といいます。

3. 行政責任

○発注停止の行政処分に直結

事業者の責任は、刑事責任、民事賠償責任にとどまりません。

労働基準監督署は、労働基準法や安衛法などに基づき、定期的あるいは働く人からの申告などを契機に、臨検監督（監督指導）として現場に立ち入り、機械・設備や帳簿などを調査します。その結果、法違反が認められた場合は、事業者などに対し是正勧告、改善指導、さらに危険性の高い機械・設備などは使用停止命令等の行政処分を課すことがあります。

　また、国や地方公共団体などの公共工事で、重大な労働災害が発生すれば、工事発注者は、元請会社に指名停止や営業停止などの行政処分を課すことがあります。元請会社の指名停止は、協力会社への発注停止に直結します。

　このような是正勧告、改善指導、使用停止命令、さらに指名停止や営業停止などが、事業者の行政責任です。

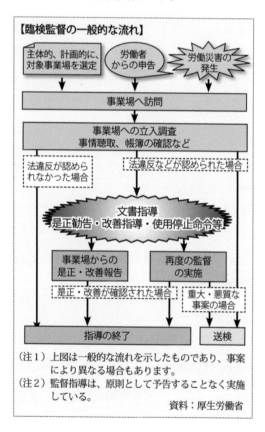

【臨検監督の一般的な流れ】

主体的、計画的に、対象事業場を選定／労働者からの申告／労働災害の発生

↓

事業場へ訪問

↓

事業場への立入調査
事情聴取、帳簿の確認など

↓

法違反が認められなかった場合／法違反などが認められた場合

文書指導
是正勧告・改善指導・使用停止命令等

事業場からの是正・改善報告／再度の監督の実施

是正・改善が確認された場合／重大・悪質な事案の場合

指導の終了／送検

（注1）上図は一般的な流れを示したものであり、事案により異なる場合もあります。
（注2）監督指導は、原則として予告することなく実施している。

資料：厚生労働省

4. 社会的責任

　事業者は、重篤な災害を発生させると、世間の厳しい目が向けられ、社会から厳しく糾弾されます。安全管理が十分にできない会社は信用を失い、社会的に存続する価値がないと烙印を押されるような事態もでてきます。

　事業者には、このような社会的責任も重くのしかかります。

安全なくして企業なし

　ある日突然、事業者に課せられる、「刑事責任」「民事賠償責任」「行政責任」そして「社会的責任」。これらが事業者の"四重責任"といわれるものです。

　ひとたび労働災害を発生させた事業者は、こうしたさまざまな責任から、決して逃れることはできません。

　多額の賠償金を支払うために家財を売り払ったり、取引停止によって会社が倒産したりするなど、悲惨な結果につながるおそれがあるのです。

　安全なくして企業なし。事業者の四重責任を肝に銘じ、日頃から十分な安全対策を施すことが、事業者の責務なのです。

安全配慮義務と賠償責任

　ここでは、事業者責任の理解を深めるため、労働災害に基づく安全配慮義務と損害賠償責任をテーマに、弁護士（林）と事業者である会社経営者（田中）のやりとりを紹介します。

【事例　弁護士と会社経営者のやりとり】

○不安全行動によるケガも事業主の責任？

　弁護士事務所に事業者の田中さんが労働災害の相談にきました。

　田中さん「こんにちは。林弁護士さんですか？　今日は、ちょっと、
　　　　　相談があるんですけど」

　林弁護士「こんにちは。そうですが、どうしましたか？」

　田中さん「実は安全帯を使わず作業をしていた作業員が開口部から墜
　　　　　落して、全治１か月のケガを負ってしまったんです。この
　　　　　場合は会社側の責任になるのでしょうか？」

　林弁護士「なるほど。その作業員の方は自ら不安全行動をしたという
　　　　　ことですね」

　田中さん「そうなんですよ。あれほど安全帯をするように注意してい
　　　　　たのに…作業員の身勝手な行動に会社が責任を負わされた
　　　　　んじゃ、たまったもんじゃないですよ」

　林弁護士「しかし田中さん、安全配慮義務をお忘れではありません
　　　　　か？」

　田中さん「何ですか？　その安全配慮…というのは」

　林弁護士「私が過去に担当した裁判で、こんな事例がありました。作
　　　　　業員が、誘導員が他の事をしている間に重機の立入禁止エ

リアに勝手に立ち入り、重機にひかれてしまったんです」

田中さん「それなら作業員の責任だ。許可なしで重機の作業半径内に
　　　　　立ち入ってはいけないなんて誰だって知ってる。会社に一
　　　　　切責任はない。そうですよね？」

林弁護士「『会社に一切責任はない！』そのときの社長さんもそうおっ
　　　　　しゃっていました」

田中さん「そりゃ、そうでしょう。単なる作業員の不安全行動ですよ」

林弁護士「しかしですね田中さん。安全配慮義務というのは、少しで
　　　　　も危険を感じる場所には徹底して災害防止対策を講じる。
　　　　　これは事業者の方が、心に留めておかなければならない絶
　　　　　対の義務なんです」

田中さん「……そうなんですか？　警察と労働基準監督署はなんて
　　　　　いってたんですか？」

林弁護士「ええ、事業者は刑事責任をとても心配していましたが、警
　　　　　察と労働基準監督署の捜査の結果、刑事責任は問われな
　　　　　かったんです」

田中さん「それならよかったじゃないですか？」

林弁護士「いいえ田中さん、刑事責任じゃなくても、民事賠償責任で
　　　　　提訴されることがあるんですよ」

田中さん「みっ、民事賠償責任ですか？」

事業者には安全に配慮する義務がある

林弁護士「ええ、被災された方は、会社の命令で行った作業により被
　　　　　災したわけですから、損害賠償を請求することができるん
　　　　　です。事業者の民事賠償責任には、不法行為や工作物の瑕
　　　　　疵などがあります。これは何かしらの欠陥によって損害を
　　　　　被った場合です。さらに、使用者責任、注文者責任など、色々
　　　　　ありますが、そのときは債務不履行責任で訴えられました」

田中さん「債務不履行責任？」

林弁護士「一般には、安全配慮義務違反といわれているもので、会社は雇用契約上、作業員に作業をさせる際、生命や健康を害さないように配慮しなければならない義務がある、というものです」

田中さん「なるほど」

林弁護士「今回の労働災害の場合、会社側、つまり現場の職長が作業員に指示したとしても、現場に少しでも危険性があれば、より安全に配慮すべきでした。安全配慮義務とは、単に法律を守ってさえいれば良いというものではなく、少しでも危険が予見されたら、ただちにその対策を講じることが必要なのです」

田中さん「……」

林弁護士「さらに、事業者が被災者に安全教育などを確実に行っていたかなども追及し、安全配慮義務違反、債務不履行で訴えることができました」

田中さん「安全配慮義務違反と債務不履行ですか・・・」

林弁護士「その事業者には、裁判所から呼出状と訴状が届き、債務不履行で損害賠償金6000万円を請求されました。こうして事業者は、被告として法廷に立たされることになったんです」

田中さん「そんなんで裁判になるんですか？」

林弁護士「裁判は3回開廷されました。第1回目は、災害発生の原因についてでした。事業者は、『バックホウの作業エリアに立ち入ってはいけないことは朝礼でも伝えたし、立入禁止措置も講じていた。それでも立ち入った作業員の不安全行動が原因だ。作業員の責任に間違いない』と主張しました」

林弁護士「第2回目の公判では、本当に安全配慮を行っていたかが追及されました。事業者に対し、最善の安全対策を行っていたのか？　作業員の不安全行動が起こりそうな現場だとか、実際に作業したらどうなるのかなど、そういう目で現場を見ていたのかなどの質問がなされました」

林弁護士「すると事業者は、『そういうことは、現場に任せてあるものですから』と答えましたが、途端に『つまり、ご自分では、判断されなかったというわけですね』と切り返されてしまいました」

林弁護士「事業者は、他人任せの気持ちや怠慢はあってなりません。現場の人間よりも緊張感を持ち、現場の人間よりも安全に注意を払う。これは事業者の責務なんですよ」

田中さん「……」

林弁護士「第３回目の公判は、安全教育についてでした。どのような安全教育を行っていたのか？　これに対し、事業者は『朝礼では必ず安全に注意するように指導しているし、職長にもきっちり教育するようにいっている。わざわざ、私が細かく確認することではない』と答えましたが、相手の弁護士から『そんなことでは事業者として十分な安全教育を行ったといえないのではないですか？　作業員は建設現場の経験がない未経験者だったんですよ』と問い詰められました」

林弁護士「さらに事業者は『こっちは警察や労働監督署から刑事責任がないといわれているし、大体、作業員の身勝手な行動によって起きた災害だ。私がこんなところに立たされていることの意味がわからない』と声を荒げました。事業者は、現場に任せてあるといいながら、必死に『会社や自分には責任がない』と訴えましたが、裁判の結果、事業者は多額の損害賠償金の支払いを命ぜられました」

田中さん「そんな……」

林弁護士「田中さん、大事なのは事業者の意思の持ち方なのです」

田中さん「意思の持ち方？」

林弁護士「そう！事業者の方が最善の注意を払って現場をつくることにより、こういった災害がなくなり不幸になる人がいなくなると、私は信じているんです」

田中さん「先生……」

林弁護士「そのためには、田中さんのような事業者の皆さんにわかってほしくて、今日はこんなお話をさせていただきました」

田中さん「先生、わかりました。もうちょっとで、俺もこの事例と同じ行動を起こすところでした。今日はどうもありがとうございました」

林弁護士「そうですか。わかっていただいてうれしいです」

　事業者には安全配慮義務、損害賠償責任などがあることを忘れてはいけません。

36. その3　労働災害は、ときに莫大な経済損失を伴うことを教える

労働災害は、ときに企業経営に大打撃を与える

　重篤な災害が発生すると悲劇です。被災者の家族の悲しみはもとより、ときに莫大な経済損失をもたらします。労働災害はどれくらいの経済損失が発生するのか、考えたことがありますか。

　現場の安全意識向上方策の第三弾は、事業者に対し、死亡災害などの重篤な災害を発生させれば、莫大な経済損失をもたらし、それは企業経営に大打撃を与えることを教えることです。このことは、事業者に迷惑をかけてはいけないと思う作業員の安全意識向上にもつながります。

　ここでは、労働災害に伴う経済損失コストについて解説します。

企業経営に大打撃を与える事態に

事業者の労働災害経済損失とは

　事業者から見た労働災害に伴う損失コストのとらえ方について、ハインリッヒの法則で有名なハインリッヒは、経済損失には事業者が直接支出したもの以外にも、被災者以外の従業員の失われた時間、被災者の生産能力等から得られるはずの利益の喪失等、隠された損失があると指摘しています。また、日本の研究者には、労働災害に伴う事業者の損失コストは、人的損失、物的損失、生産損失、その他損失等に

分けてとらえることを示した方がいます。

労働災害損失項目

労働災害に伴う事業者の経済損失にはどのようなものがあるのでしょうか。建設現場で発生した労働災害の実態調査等に基づき、建設現場の労働災害損失項目を下表に示します。

製造業等、建設業以外の業種は、関係ないものを除くことにより活用します。

表　建設現場の労働災害損失項目

A. 直接的損失（事業者の直接支出分）
①支払保険料の増額
②労災保険の上積補償費

> 療養補償費、休業補償費、付加休業補償費、障害補償費、遺族補償費、葬祭料、弔慰金、移送費、入院中雑費、傷病見舞金、退職金割増額、諸貸金の弁済減免額、給付制限による会社負担、対物補償費、保険金一式、その他

③訴訟関係費用

> 民事損害賠償額（逸失利益、慰謝料等）、示談金、裁判費用、その他

④物的損失

> 建物、付属設備、施工途中の建造物、仮設構造物等、機械、器具、工具、付属品、資材類、その他

⑤生産に関する損失

> 遅延回避のための損失、遅延による損失（人件費、現場管理費、遅延違約金等）、その他

⑥その他の損失

> 地域対策費、新規職員採用費、通信交通費、官庁関係費、その他

B. 間接的損失
①現場関係者の不働賃金

> 救援、連絡、介添のための不働賃金、作業手待ちによる不働賃金、原因調査、記録のための不働賃金、現場の整理、復旧のための不働賃金、見舞い、付き添いのための不働賃金、葬儀、会葬のための不働賃金、安全教育等のための不働賃金、役所立会のための不働賃金、その他

②被災者の稼得能力喪失に伴う所属会社の損失

> 当日の損失額、休業中の損失額、労働時間中の損失額、死亡または障害が残った場合の損失額、その他

③営業活動に関する損失

244

> 取引中止等の営業損失額、指名停止による損失額、企業イメージ低下・
> 信用力低下による損失額、その他

　以下、直接的損失と間接的損失に分けて見ていきます。

A. 直接的損失（事業者の直接支出分）

①支払保険料の増額

　労災保険等の保険の取扱いについては、労働災害に伴う事業者の新たな出費を損失ととらえます。このため、労災保険給付、被災者任意加入による損害保険給付等は、事業者の新たな出費を伴わないことから、労働災害損失項目の対象外とします。労災保険には、契約期間中の保険給付額に応じ、契約終了後、確定保険料を変動させるメリット制がありますが、このメリット制において、労働災害の発生に伴い無災害でもらえた還付保険料、あるいは、追徴保険料が損失額にあげられます。労災保険料増加額の算定方法は下表のとおりです。

表　労災保険料増減額の算定方法

> ○労災保険料増加額の算定
> 　　労災保険料増加額＝確定保険料×（40％＋メリット増減率）
> ・メリット増減率
> 　　「メリット制による労災保険料増減率表」に基づく
> ・メリット収支率の算定
> 　　メリット収支率＝<u>想定労災給付金額</u>÷（確定保険料×メリット調整率
> 　　（63/100））
> <u>想定労災給付金額</u>
> 【傷病の場合】
> ・療養補償費
> 　　労災診療単価×1日当たりの診療報酬点数×入院または通院（見込）日数
> ・休業補償費
> 　　被災者本人平均賃金（日額）×80％（休業補償給付60％＋休業特別支給
> 　　20％）×（休業（見込）日数－3日）
> ・障害補償費
> 　　被災者本人平均賃金（日額）×障害等級に基づく日数
> 【死亡の場合】
> ・遺族補償費
> 　　被災者本人平均賃金（日額）×1,000日

②労災保険の上積補償費

労災保険の上積補償費として、会社規程等による療養補償費、休業補償費、障害補償費、遺族補償費、葬祭料、弔慰金等があげられます。

③訴訟関係費用

民事損害賠償額（逸失利益、慰謝料等）、示談金、裁判費用等、訴訟関係費用があげられます。

④物的損失

労働災害に伴う現場の物的損失があります。具体的には、建物・設備に係る損失額（建設現場の場合、施工中の建造物、仮設構造物に係る損失額）、使用機械・使用工具、資材等に関わる損失額、遅延によるリース延滞料等があげられます。

⑤生産に関わる損失

現場の生産性に関する損失として、労働災害に伴い作業が中断あるいは遅延した場合に発生する人件費や現場経費の増加額、遅延ペナルティ等があげられます。

a. 人件費の増額

労働災害により工程に遅れが生じ、その遅れを取り戻すために追加投入された労働力に係る費用、あるいは、工期が遅延したことにより、その遅延期間中、追加投入された労働力に係る費用があげられます。損失額は追加投入された労働延日数に日額賃金を乗じて算出します。

b. 現場経費の増額

労働災害により工期が遅延した場合の現場経費（建設現場の場合、各種保険料、福利厚生費、用地補償費、地代家賃等の現場管理費等）の増加分があげられます。

c. 工期遅延ペナルティ

建設工事などの場合、発注者等から工期遅延ペナルティが科

せられることがあり、それも損失額に含まれます。

⑥その他の損失
　地域対策費、新規職員採用費等に係る直接支出が損失額にあげられます。

B. 間接的損失

①現場関係者の不働賃金
　現場関係者が本来業務を行わず労働災害対応業務を行うことによる損失であり、救援・介添え、原因調査、災害後の安全教育、作業手待ち、現場の復旧等に費やした時間分の賃金等が損失にあげられます。

②被災者の稼得能力喪失に伴う事業者の損失
　被災者の稼得能力喪失等に伴う事業者の損失があげられます。稼得能力喪失とは、被災者が働けなくなることにより失われた事業者の付加価値額（生産により生み出される価値）のことです。

a. 災害発生当日、休業中、通院時等における損失
　　労働災害の発生に伴い、被災当日、休業中、あるいは職場復帰後の通院等において、被災者が働くことができないことによる事業者の損失です。損失額は被災者が働くことができない時間分の賃金に１／労働分配率を乗じて算出します。

b. 死亡または障害が残った場合の損失額
　　被災者の死亡または障害による生産力の低下等に伴う事業者の損失があげられます。損失額は被災者の日額賃金に稼得能力喪失等損失日数（各種年金給付日数にライプニッツ係数を乗じて算出）及び１／労働分配率を乗じて算出します。

③営業活動に関する損失
　労働災害の発生により、企業が受ける営業活動に関する損失には、営業取引中止、公共工事等の場合には指名停止による営業損失等があ

げられます。また、企業イメージや信用力低下による営業損失も考えられます。

経済損失が２億円超の労災も

　ここでは、実際に発生した労働災害でどのくらいの損失コストが発生したのか見ていきます。

　ゼネコンＡ社（元請会社）の協力の下、そこで実際に発生した労働災害を対象に損失コストについて実態調査を行いました。調査方法は、Ａ社の損失については、Ａ社の現場所長、支店の安全担当責任者に対するヒアリング調査を実施し、一方、協力会社の損失については、被災者が所属する協力会社はもとより関係する全ての協力会社を対象に、Ａ社を通じて調査票を配布し回答を得ました。

　損失コスト算出結果を事例ごとに紹介します。

　※それぞれの事例に掲載したイラストは公表された労働災害発生状況に基づき描いています。このため実際の状況とは異なることに留意願います。

【事例１　シートパイル引抜作業中の飛来・落下災害（死亡）】

a. 労働災害発生状況
・シートパイル引き抜き作業中、クレーンでセットしたクリアーパイラー（約5t）が転倒し、準備作業を行っていた被災者の上に落下した。
b. 被災の程度
・死亡
c. 被災者の概要
・年齢、性別：50 代半ば、男
・職種：杭打工（職長）
・経験年数：20 年
・雇入会社：協力会社（2 次）
・家族構成：妻、子 2 人
d. 災害による影響
・工事の中断・遅延日数：中断 17 日、遅延 10 日

○損失コスト算出

　直接的損失は労災保険料増額 189 万円、被災者が所属する協力会社の上積み補償 2,410 万円、示談金 4,200 万円（A 社と被災者所属会社が共同負担）等、計 6,952 万円。一方、間接的損失は、現場関係者の不働賃金 336 万円、被災者の稼得能力喪失等に伴う所属会社の損失 3,654 万円等、合計 1 億 942 万円（ただし、このうち任意加入保険からの支払保険金総額は 6,200 万円）。

【事例 2　下水管切断中のはさまれ災害（被災者 2 人　休業 59 日、休業 40 日）】

a. 労働災害発生状況

a. 労働災害発生状況
・被災者は資材仮置場所にて布設予定のヒューム管（φ1350、L＝2.4m、約 3t）の切断箇所の墨出しを行うために、同僚 2 人と共にヒューム管を移動させるため、一旦、回転防止用のキャンバーを外したところ、ヒューム管が予想以上に転がったために、これを抑えようとしたが、両足をヒューム管と覆工板の間にはさまれて受傷した。

b. 被災の程度（2 人）
　◇被災者 A
・休業日数：59 日
　◇被災者 B
・休業日数：40 日
c. 被災者の概要
　◇被災者 A
・年齢（被災当時）、性別：30 代半ば、男
・職種：土工
・経験年数：12 年
・雇入会社：協力会社（2 次）
　◇被災者 B
・年齢、性別：60 代半ば、男
・職種：土工
・経験年数：35 年
・雇入会社：協力会社（2 次）
d. 災害による影響
・工事の中断・遅延日数：中断 1 日

○損失コスト算出

　直接的損失は労災保険料増額 17 万円、上積補償費 22 万円等、計 40 万円。一方、間接的損失は、被災者が休業したことによる稼得能力喪失に伴う所属会社の損失額 116 万円と、被災者所属会社はこの労働災害を発生されたことを理由に 1 億円の工事失注等があり、合計で 1 億 205 万円。

【事例 3　配管設置作業中の墜落災害（休業日数 311 日）】

a. 労働災害発生状況
　・被災者は、消火配管を設置する際、高所作業車からダクトに乗って配管を仮置きし、先行の吊ボルトに安全帯を掛けようとダクト上を移動しかけたところ、バランスを失って高さ約 3m 下に飛び降り受傷した。
b. 被災の程度
　・休業日数：311 日
c. 被災者の概要
　・年齢、性別：50 代前半、男
　・職種：配管工
　・経験年数：21 年
　・雇入会社：協力会社（2 次）
d. 災害による影響
　・工事の中断・遅延日数：中断 1 日

○損失コスト算出

　直接的損失は、休業日数が 311 日と長期にわたった影響でＡ社の労災保険料増額が 333 万円となり、協力会社（1 次）の安全対策費 285 万円等と合わせ計 704 万円。間接的損失は、被災者が休業したことによる稼得能力喪失に伴う所属会社の損失額 413 万円等、計 527 万円。合計で 1,231 万円。

【事例4　コンクリート配管清掃中の先端ホース激突災害（被災者2人　死亡、休業372日)】

a. 労働災害発生状況
  - コンクリートの圧送作業を行っていた際、先行の水送りが配管の筒先付近まできたとき、配管内にあった最終水送り用スポンジと水送り用ホースが突然、前方に飛び出し、ホース前方にいた被災者2人を直撃した。

b. 被災の程度
  ◇被災者A
  ・死亡
  ◇被災者B
  ・休業372日

c. 被災者の概要
  ◇被災者A
  ・年齢、性別：20代前半、男
  ・職種：左官工
  ・経験年数：8か月
  ・雇入会社：協力会社（1次）
  ◇被災者B
  ・年齢、性別：50代半ば、男
  ・職種：左官工
  ・経験年数：15年
  ・雇入会社：協力会社（1次）

d. 災害による影響
  ・工事の中断：15日
  ・指名停止処分：62日間（発注者より）

○損失コスト算出

　直接的損失は労災保険料増額 1,269 万円、上積補償費 7,145 万円、示談金 7,000 万円、建物等の物的損失計 2,757 万円等、計 1 億 8,851 万円。一方、間接的損失は、被災者2人の稼得能力喪失に伴う所属会社の損失額 5,979 万円、工事関係者の不働賃金 861 万円等、計 6,840 万円。合計 2 億 5,691 万円となった（ただし、このうち任意加入保険からの支払保険金総額は 7,000 万円）。

　利益のために安全をおろそかにし、その結果、災害が発生し、莫大な損失が発生する。おかしな話ではないですか。

以上、労働災害損失コスト算出事例を見てきましたが、損失額は２億円を超えるものもありました。

　事業者（企業経営者）は、死亡災害などの重篤な災害を発生させれば、莫大な経済損失をもたらし、それは企業経営に大打撃を与えることを肝に銘じなければなりません。

　利益を上げるために安全をおろそかにして、それで災害が発生し、莫大な損失が発生する。

　おかしな話ではないですか。「何やってるんだ！」ですよね！

　そうならないため、現場の安全対策に十分な費用をかけなければなりません。

37. その4　現場の良好な人間関係を構築し、安全意識を高める

　これまで現場の安全意識向上方策として、その1「作業員に法的順守義務と過失相殺を教える」、その2「事業者（雇用者）には四重責任を教える」、その3「労働災害は、ときに莫大な経済損失を伴うことを教える」を取り上げてきました。これらは“守らないと大変なことになる”というものばかりでした。

　一方、安全意識向上方策その4は“現場の良好な人間関係を構築し、安全意識を高める”です。このことにより、管理者と作業員の心の距離を縮め、安全な行動を促進させるものです。

　これまでの“守らないと大変なことになる”とは異なり“安全を前向きにとらえる”ように自主性を促すものです。

誰もが大切と語る「良好な人間関係」

　以前、どのような建設現場が、事故が起こりにくいのか調査したことがあります。

　様々な建設現場の条件の中から、事故が起こりにくい要因の抽出を試みました。例えば、工事の難易度です。簡単な工事の方が事故が起こりにくいのか、建設現場の所長らに聞き取り調査を行いました。その結果、工事が簡単であれば危険度も低く事故は起こりにくいという指摘はありましたが、逆に、工事が簡単だと気のゆるみがあり事故は起こりやすい。ある程度工事が難しい方が、作業中、緊張感が生まれ事故は起こりにくいとする指摘も少なくありませんでした。工事の難易度の他にも、工事規模、工事種類など多くの条件で尋ねてみましたが、ほとんどで意見が分かれました。

　しかし、全ての人が、事故が起こりにくい現場の条件として、現場の良好な人間関係をあげました。作業員同士が仲間意識をもつような

関係になることが望まれ、そうなると不安全行動に対して互いに注意し合える、注意されたことを素直に聞くことができると指摘していました。

不安全行動の背景には、危険を軽視することがあげられますが、しかし、「危険を軽視するな」といくらいっても、危険を軽んじる気持ち、「これくらいなら大丈夫だろう」は、頭で考えて出てくるものではなく、自然と湧き出てくるものです。自然と湧き出てくるものを止めることは難しいものです。

大切なのは、たとえ危険を軽視したとしても、現場のルールを守ろうという気持ちがそれにまさることです。それには、「この人のために守ろう」「この現場のために守ろう」という気持ちを抱かせることです。そのためには、そこで働く管理者と作業員の良好な人間関係が重要になります。

親身な忠告が現場作業員へ届く

指示をうまく伝えるためにも、現場関係者の良好な人間関係の構築は重要です。逆に、ギスギスした人間関係の現場を想像してみてください。きつい口調で注意する現場監督に反発し、「あいつのいうことなんか聞くものか」と現場のルールを守らない作業員。

現場監督と作業員の間にコミュニケーションがないような現場で、事故は起こりやすくなります。被災した作業員も、現場で事故を発生させた現場監督も、何もよいことがありません。

よい人間関係を築くためには、まずは挨拶です。挨拶は時の氏神です。そして、他愛のないことでも構わないので、積極的に会話を重ねましょう。お互い好意を持っていれば、単にルールだからというのではなく、親身になって忠告やアドバイスができますし、それを受け取る側も素直に聞くことができます。

38. その5 "安全の見える化" で安全意識を高める

作業に潜む危険を見せる

　現場の安全意識向上方策その5として、最後に紹介するのは、現場の安全の見える化により安全意識を高めるというものです。

　見える化により、作業に潜む危険を見せる。活発な安全活動を見せる。重要な安全情報をわかりやすく見せる。このようにして現場の安全意識を高めていくものです。

　厚生労働省では、事業場の安全活動の活性化を図るため、「見える」安全活動コンクールを開催しています（http://anzeninfo.mhlw.go.jp/anzenproject/concour/oubo.html）。コンクールでは、全国から募集した事業場での安全活動の「見える化」取組事例の中から優良事例を取り上げて紹介することで、事業場の安全活動を活性化させることを狙っています。

　ここでは、過去の応募作品の中から、作業員の安全意識向上につながる作品をいくつか紹介していきます。

【事例1　事業場に潜むまだ見ぬ危険の「見える化」】

　電工ドラムは、ケーブルを巻いたまま使うと、巻いてあるケーブルが熱をもち火災のおそれがあるため、それを禁止と定めても、「いちいちケーブルを全部出すのは面倒だ」と危険が軽視され、巻いたまま使われることが数多く見受けられます。

　そのような違反行為をなくすため、現場で実際にケーブルを巻いたまま使用してみて、熱をもったケーブルから煙が出るのを見せるというものです。ケーブルから煙が出るのを見せることにより、「やっぱりケーブルを巻いたまま使ってはいけない」ことに気づかせます。

電工ドラムのケーブルから煙が上がる危険な状態を実験

　また、劣化したワイヤーやナイロンシリングは、実際に現場で引っ張り試験を行い、所定の強度に達する前に破断するところを見せます。このことにより、ワイヤーなどは本当に劣化がないか、日常的に点検することの重要性を理解させます。

【事例２　見えない死角を「見える化」】

　重機の死角は危険が一杯です。しかし、目の前に重機があっても、具体的にどこが死角か正確にわかる人はほとんどいないのではないかと思います。危険なエリアがわからないと、そこに入ってはいけないという意識が高まるはずがありません。そこで、この事例ではラフタークレーンを対象に、死角にカラーコーンを敷き並べ、どこが死角であるかを見える化しました。

　作業員は敷き並べられたカラーコーンを眺め、「左側後方はほとんど死角なんだ」「後方でもやや右側は、バックミラーで見えるんだ」「左側方はみえても、右側方は案外見えないものだな」など、新たに気づきにより、より死角への関心が高まり、安全意識の高まりにつながっていきます。

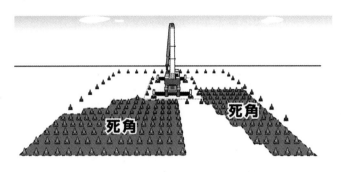

重機後方の死角をコーンで「見える化」

【事例3　活発化する安全活動の「見える化」】

　現場の安全活動を活発化させるには、一人ひとりの安全意識を高め全員参加で行うことが重要です。そこで、作業グループの長である職長に自ら安全宣言をしてもらい、それをプラカードに書き、プラカードを持った写真を撮ります。現場の全ての職長のプラカードを持った写真を1枚の大きな紙に貼り付け、それを朝礼の場に掲げます。作業員はそれを見て、「うちの職長がいる！」と、自分の作業グループの職長を見つけることで、その中にいるという参加意識が芽生え、それが安全活動の活発化につながります。一方、写真の中で自ら安全宣言した職長も、他の職長と並べられることにより安全意識が自ずと高まります。また、人間は約束を守ろうとする本能があり、宣言をしたことをしっかりやろうとする意識はいやおうなく高まります。

職長の安全宣言を「見える化」して安全意識を高める

【事例４　マンガによる基本ルール順守の「見える化」】

　現場で順守しなければならない基本ルールなどは文章に書かれているものが少なくなく、理解するまでに時間がかかったり、大事な禁止事項でも読むのが面倒で読まれなかったりします。そのようなことがないよう、禁止事項などをマンガで表し視覚に訴えようとする見える化です。

基本ルールをマンガにして視覚に訴えかける

【事例５　ICT 技術を活用した安全情報の「見える化」】

　携帯電話、ウェブカメラ、CG（コンピューターグラフィックス）、GPS（全地球測位システム）などの ICT 技術を見える化に活用して、離れた場所における生の情報、臨場感のある情報などを提供するものです。例えば、車に GPS を搭載することにより、事務所でリアルタイムに車の正確な位置がわかれば、それは、運搬、配達など業務の効率化につながるとともに、"常に自分の車の位置が把握されている"とドライバーが思うことにより、ドライバーの安全運転にもつながります。

【事例6　安全帯使用中の「見える化」】

　「これくらいの高さなら大丈夫」と、安全帯を使用せずに作業することに頭を悩ませている事業場は少なくありません。その対策としての見える化事例です。安全帯のフックの先端を赤色に塗ることにより、

現場で安全帯を使え
ば、その部分が一番
上になり、遠くから
でも、その赤色が見
え安全帯の使用状況
が確認できます。こ
のため、作業員は「遠
くからでも見られて
いる」という意識と
なり、それが安全帯
の使用に向かわせま
す。

安全帯のフックの先を赤色に。
遠くからでも使用が確認できる

全員参加の「見える化」活動

　この他にも、構内経験年数と熱中症の関係を見出した製鉄所では、一番熱中症になりやすい構内経験1か月未満の作業員のヘルメットに赤丸のシールを張り、誰が熱中症になりやすいのか見える化している事例や、ユニック車には操作レバーの横に正しい操作手順を張る、脚立には正しい使い方のボードを取り付けるなど、正しい使い方の見える化の事例もあります。

　現場の安全の見える化は、手軽にでき、全員参加でアイデアを募れば現場全体の安全活動の活発化につながるなど、作業員の安全意識の向上には打って付けのものです。

おわりに

いかがでしたか。

ここに改めて本書を振り返ってみます。

最近の事故は過去に繰り返し発生したものばかり。しかし、それが発生しても、多くの現場は「たまたま」「運が悪かった」ととらえてしまっています。

事故の原因にはヒューマンエラーが大きく関わり、ヒューマンエラーには人間の行動特性が関わります。その特性により、目の前の危険が見えなかったり、自らの行動が止められなかったり、リスクを受け入れ行動してしまったり、心身機能等の低下により行動に制限がかかったり、組織的な欠陥が不安全な行動につながったりして被災しています。

ヒューマンエラー災害が次々に発生すると、「頑張ってもうまくいかない」と嘆く現場の安全管理担当者がでてきますが、そこは嘆くのではなく、新たなやり方を考えていかなければなりません。

今後は、作業員との対話を重ね、本当に現場で何が起きているのかを丹念に把握し、それを踏まえて、「作業計画、作業手順、作業環境を人間の特性に合わせる」ことをしなければなりません。

ヒューマンエラー災害は、リスク低減効果の高い対策を打つことが望まれますが、何から何までそのような対策が打てるわけではありません。現場担当者のノンテクニカルスキルの向上、作業員の安全意識の向上などがどうしても必要になります。

それらを向上させ、現場の良好な人間関係を構築することなどにより、作業員が「この人のため」「この現場のため」などの気持ちを持ち、常に安全行動に努めるような現場をつくることが求められます。

最後までお読みいただき誠にありがとうございました。

本書が、皆様が抱える現場の安全問題の解決の糸口になれば、この

上なくうれしく思います。
　最後になりますが、このような書籍出版の機会を与えていただいた
労働新聞社関係者の皆様に心より厚く御礼申し上げます。

著者プロフィール

高木　元也（たかぎ　もとや）
独立行政法人労働者健康安全機構　労働安全衛生総合研究所
安全研究領域特任研究員
博士（工学）

略歴

昭和58年、名古屋工業大学卒。総合建設会社にて、本四架橋、シンガポール地下鉄、浜岡原子力発電所等の建設工事の施工管理、設計業務、総合研究所研究業務、早稲田大学システム科学研究所（企業内留学）、建設経済研究所（社外出向）等を経て、平成16年、独立行政法人産業安全研究所（現在の独立行政法人労働者健康安全機構 労働安全衛生総合研究所）入所。リスク管理研究センター長、建設安全研究グループ部長、安全研究領域長等を歴任。現在に至る。

主な著書・映像教材（令和2年〜）

高年齢労働者が安全・健康に働ける職場づくり −エイジフレンドリーガイドライン活用の方法−」（共著、中央労働災害防止協会、令和2年）

DVD 用具・工具別災害別作業員別でわかる！安全作業・現場の基本（プラネックス、令和3年）

"エイジフレンドリー"な職場を目指す！働く高齢者のための安全確保と健康管理（清文社、令和3年）

DVD 信じられないヒューマンエラー（労働調査会、令和3年）

登録基幹技能者共通テキスト第5班（共著、大成出版社、令和3年）

DVD"エイジフレンドリー"な職場を目指す！働く高齢者のための安全確保と健康管理（プラネックス、令和4年）

凶器に変わる！突然襲う！建設機械の安全対策（清文社、令和4年）

DVD 高年齢者の典型的な労働災害を学ぼう！（労働調査会、令和4年）

主な委員等歴（令和 2 年〜）

厚生労働省　人生 100 年時代に向けた高齢労働者の安全と健康に関する有識者会議

厚生労働省　設計・施工管理技術者向け安全衛生教育支援事業の検討会

厚生労働省　プラチナ・ナース就業における実態調査事業検討委員会

厚生労働省　行動災害（転倒・腰痛等）の減少を図る対策の在り方に関する有識者会議

消費者庁　消費者安全調査委員会専門委員

経済産業省　鉱山災害防止対策研究会

農林水産省　農林水産業・食品産業における労働安全強化事業の検討会

中央労働災害防止協会　小売業、社会福祉施設及び飲食店における安全衛生管理体制のあり方に関する検討委員会

建設業労働災害防止協会　設業における外国人労働者の教育及び安全衛生標識等就労環境のあり方に関する検討委員会

一般社団法人住宅生産団体連合会　工事ＣＳ・安全委員会

テレビ解説（令和 2 年〜）

NHK クローズアップ現代＋「あなたはいつまで働きますか？〜多発するシニアの労災〜」

NHK ニュースウオッチ 9「急増する高齢者の労災」

ヒューマンエラー災害に挑む

ー現場を踏まえ人間をよく理解してー

2023 年 2 月13 日　初版

著　　者　高木 元也

発 行 所　株式会社労働新聞社
　　　　　〒 173-0022　東京都板橋区仲町 29-9
　　　　　TEL：03-5926-6888（出版）　03-3956-3151（代表）
　　　　　FAX：03-5926-3180（出版）　03-3956-1611（代表）
　　　　　https://www.rodo.co.jp　　　pub@rodo.co.jp
イラスト　スタートライン　ミヤチ　ヒデタカ
表　　紙　尾﨑　篤史
印　　刷　株式会社ビーワイエス

ISBN 978-4-89761-910-1